跟任何人都聊得来

周爱农◎编著

山东人民出版社·济南

国家一级出版社 全国百佳图书出版单位

图书在版编目（CIP）数据

跟任何人都聊得来/周爱农编著.--济南：
山东人民出版社，2019.8 （2023.3重印）
ISBN 978-7-209-12167-5

Ⅰ．①跟… Ⅱ．①周… Ⅲ．①心理交往-语言艺术-
通俗读物 Ⅳ．①C912.13-49

中国版本图书馆CIP数据核字(2019)第151818号

跟任何人都聊得来

GEN RENHEREN DOU LIAODELAI

周爱农 编著

主管单位	山东出版传媒股份有限公司
出版发行	山东人民出版社
出 版 人	胡长青
社　　址	济南市市中区舜耕路517号
邮　　编	250003
电　　话	总编室（0531）82098914
	市场部（0531）82098027
网　　址	http://www.sd-book.com.cn
印　　装	三河市金兆印刷装订有限公司
经　　销	新华书店

规　　格	32开（880mm×1230mm）
印　　张	5
字　　数	104千字
版　　次	2019年8月第1版
印　　次	2023年3月第3次
印　　数	20001-70000
ISBN	978-7-209-12167-5
定　　价	36.80元

如有印装质量问题，请与出版社总编室联系调换。

Contents 目 录

Chapter 1

聊得来：离不开精彩表达

出彩的话语让表达更精彩

根据口才的含义和口语表达的构成要素，一个人的口语表达能力应当具备以下几个条件。

一是掌握灵活多变的表达技巧。即能根据交际意图和目的熟练地运用语言技巧来展开话语、表达思想，同时要具有灵活机智的应变能力，能根据实际情况而选择说话内容。《论语·先进篇》中讲了这样一个故事：子路和冉由都问孔子，"闻斯行诸"的意思是听到的事就马上做吗？孔子在回答子路时说："有父亲、哥哥在，应听听他们的，怎能听到了就做呢？"在回答冉由时又说："听到了就干起来。"这两个截然不同的回答，使在座的公西华大惑不解。孔子解释说："冉由胆量小，平时做事退缩，所以我说一听到了就干起来，是鼓励他，给他壮胆；子路胆量大得超过一般人，勇于作为，所以我说，有父亲、哥哥在，要压一压，使他有所退让。"这件事一向被用作孔子"因材施教"的例证，其实也是说话看对象、针对不同实际情况而选择不同说话内容的范例。

二是具有明确的对象意识和语境意识。如果不顾场合，不看对象，夸夸其谈，滔滔不绝，这种"能说会道"的行为只会引起反感甚至厌恶，不能称之为有口才。荀子在《劝学》中曾明确指出："未可与言而言，谓之傲（急躁）；可与言而不言，谓之隐；不观气色而言，谓瞽（盲人）。"这说明讲话应随境而发，相机行事。

三是具有较高的领悟能力和反馈能力。既能准确地接受和理解，又能做出恰当、必要的回应。这是与人交谈很关键的一条。在口语交际时，说话者不仅要表达，还要接受，即领悟对方话语或表情动作等体态语所蕴含的意思，同时还要做出有针对性的反馈。1969年，基辛格就越战问题与苏联驻美国大使多勃雷宁进行会谈。正当发言时，尼克松总统打来电话，谈了几分钟之后，基辛格对多勃雷宁说："总统刚才在电话里对我说，'关于越南问题，列车刚刚开出车站，现在正在轨道上行驶'。"老练的多勃雷宁试图缓和一下气氛，接过话头说："我希望是架飞机而不是火车，因为飞机中途还能改变航向。"基辛格立即回答说："总统是非常注意措辞的，我相信他说一不二，他说的是火车。"在这段对话中，基辛格从坚持自己立场的原则出发，不仅明确地理解多勃雷宁变"火车"为"飞机"的用意，而且采取"借言"的方式维护了自己的观点，显示出机智的外交家风采。

四是说话内容的深浅要与对方的接受能力相宜。《论语·雍也篇》说："中人以上，可以语上也；中人以下，不可以语上也。"对具有中等以上才智的人可以讲说高深的道理，对中等以下水平的人就不可以讲说高深的道理，说话的内容超过或低于对方的接受能力都不会收到好效果。

措辞，是指人们在说话交流过程中，经过深思熟虑，综合考虑对方的思想、情感、心理特征、个性特点、学历背景、生活习惯等因素的情况之下，精心选用恰当的词语、句子，有效表达自己的意思，并让受众易于理解、接受、相信的一个互动过程。

我们平时说话表达，要注意措辞，这直接关系到你的说话能否达成效果。

比如，想让别人帮忙时，有人会这样说：

"喂，帮一下忙。"

可结果呢？就得看对方当时的心情了。

得到的回答很可能是"我现在没空"，或是"我正在忙呢"。

在这种时候，不妨试试下面的说法：

"劳驾，请帮一下忙，好吗？"

这样一说，一般人会乐意为你效劳的。

人的行为意愿，会受到措辞的影响。同样的意思，措辞不同，表达效果就会不一样，听众的回应结果也截然不同，或赞同，或拒绝。上述例子中，第二种措辞就更容易打动人心，让人接受。

说话表达，深究起来，是一件比做文章、读文章难的事。做文章，可以细细推敲，再三订正；读文章，可以细细体味，详加研究。说话表达就不能这样了，因为一言既出，驷马难追。所以你与人对话，应该特别留神，审慎措辞，用心说好每句话。

你要说的话，最好事前先打腹稿，记住纲要，免得临时遗漏。说话开头，先要定一定神，态度从容，双目注视对方的脸，表示出诚挚的神情，并随时注意他是赞成你的意见，还是不以为意。也要随时调整你的说法，如果发觉他露出不愿意多听的神情，你就该设法收束话题；如果他有疑问，你就该多加解释；如果他乐于接受你的见解，你就该单刀直入，不再绕圈子；如果发觉他要插口的样子，你就该请他发表意见，他的答话，你要特别留神。

你回答别人，也要准确有力。认为对的，就回答他一声："很好。"认为不对的，回答他："这个问题很难说。"自认为可以办到的就回答他："我去试试，但成功与否不敢肯定。"自认为办不到的就回答他："这件事太困难了，恐怕没多大的希望。"总之，不要说得太肯定。太肯定的回答，最易造成不欢的后果。一切回答，必须留有回旋的余地，万一临时不能决定，你可以回答："待我考虑后，再答复你吧！"或者说："待我与某方面商量后，由某方面答复吧！"前者是接受与不接受各占一半，后者多数是婉言拒绝。如果对方唠叨不止，你不愿意再听下去，也有几个方法可以应付，你可以乱以他语，乘机谈谈别的事情，转移谈话目标，也可以说"好的，今天谈到此处为止"，然后立起身来，说声："对不起，再见！再见！"他自然会中止谈话，离开你那里。

说话有力度，沟通更有效

一个人说话缺少力度，意思表达就会含混不清，词不达意，听者也不知其说的什么意思。只有说话有力量，表达有力度，字字句句都精准地表情达意，才能产生应有的沟通效果。

那么，怎样说话才算有力度呢？

1. 说话要经得住推敲

一个人说话是否有力，要看是否有客观依据，即经得起推敲，只有经得起推敲的话才有充分的说服力。

在林肯当律师的时候，一位叫小阿姆斯特朗的人因涉嫌杀人而被捕入狱。小阿姆斯特朗不服，提出上诉，林肯找到被告证人福尔逊。福尔逊发誓说在10月18日的晚上，清楚地目击了小阿姆斯特朗用枪击毙了受害者的全过程。对此，林肯要求复审。林肯先问证人福尔逊：“你发誓说看清了小阿姆斯特朗？”福尔逊答：“我发誓看清了。”

林肯问：“你在草堆后，小阿姆斯特朗在大树下，两处相距二三十米，你能看清吗？”

福尔逊答：“看得很清楚，因为月光很亮。”

林肯问：“你肯定不是从衣着方面看清是他的吗？”

福尔逊答：“不是的，我能肯定我看清了他的脸，因为月光照亮了他的脸。"

林肯问："你能肯定时间是在11时吗？"

福尔逊回答："我能肯定，因为我回家时看了钟，那时是11时15分。"

林肯问到这里，便转过身来，语惊四座：我不能不告诉大家，证人福尔逊所说的全是谎言。他一口咬定10月18日晚上11时在月光下看清了被告的脸。我们都知道，10月18日那天是上弦月，晚上11时月亮都已经下山了，哪里还会有什么月光？退一步说，也许他的时间记得不十分清楚，时间稍有提前。但那时，月光是从西往东照，草堆在东，大树在西，如果被告的脸对着草堆，脸上是不可能有月光的。

大家先是一阵沉默，紧接着是掌声、欢呼声一起迸发出来。福尔逊则傻了眼。

林肯借助客观事实推理，充分揭穿了福尔逊的谎言，使一桩冤案得到昭雪。

2. 态度要诚恳

古语讲"至诚足以感人"，要想说出有力的话诚恳是关键，一个人无论说什么都可以，但若是口是心非，所说的话肯定不会有力量。诚恳的态度是你展示给别人的一张"名片"，以此树立你值得信赖的形象。在这个形象中，你说出的每一句话都会让人觉得言之有理。当我们以一种诚恳的态度请一个人贡献他的意见时，这个人就很容易对我们产生好感。诚恳可以使对方感觉到自己受到重视和关注。许多事实表明，态度诚恳地向别人请教是对对方最好的恭维，它胜过世界上最美丽的语言和赞美。

3. 道歉得当

我国古来有句俗语叫作"谦，美德也，过谦则诈"。我们对别人说话，谦虚是应该有的，因为你的谦虚，会让别人容易接近。可是，你过分地谦虚了，你的谦虚便失去了价值，而且别人也无法相信你。一位演说家，当他登台之后，便对听众说道："诸位，真是很对不起，今天我所讲的题目，并不是我所熟悉的，我对这题目也没有多少的研究，准备不充分，所以今天所讲的可能没有多大价值，讲得不好，请一定见谅。"

一位演讲者对台下听众这样讲，在他自己看来是谦虚，可是别人能否相信他呢？所以，我们要想说话有力，还得谦虚得当。

提高语言表达能力的小技巧

要想提高自己的语言表达力度，除了要练好语言的基本功外，还需要掌握一些基本的口头表达技巧，这有助于你在谈话中更为自如地表达自己的思想，让你的表达"飞"起来。

以下是口头表达的基本技巧。

1. 轻松自然

名言警句不是靠死记硬背留在头脑中的，当我们放松下来的时候，很多妙语就会自然而然地从脑海中闪现出来，即使是在最具刺激性的谈话中，也有50%的内容是没什么意义的。只有经过一段加热过程，思想的车轮才能转动起来。

2. 循循善诱

成为一位出色的交谈家并不在于你有多聪明，或者有多少传奇性的经历，而在于启发、诱导别人讲话。值得一提的是，"你"在谈话中是一个前进的信号，而"我"则是一个停止的信号。要设法把谈话引向对方的兴趣点，多用"为什么""哪里""怎么样"等。当交谈对象说"我在宁夏老家开了个店"时，你千万不要匆忙抢着说："啊，我在西安也有两家店铺。"而应该问："在宁夏的什么地方？"

3. 善于忍耐

在与人交谈中，千万不要期望对方一开始就热情高涨，善言者总是等到对方变得热心以后，才试图从他们那里引导出一些有趣的想法，因此，在谈话中一定要长于忍耐。例如，他们会先问"请问您尊姓大名？您是哪里人？您的丈夫干什么工作的？您准备在这儿待多久？您是乘飞机来我市的吧？"等问题，以激起对方的谈话兴趣。谁关心这些？你也许会这样问。诚然，这些问题似乎没有任何风采和智慧可言，但它们的确能使交谈启动起来。

4. 多说赞同的话

如果他说："我是在农村长大的。"你最好回答："我也是。"或多少讲一点你有关农业方面的知识和经验，这会让他感到很亲切。如果他说："我喜欢吃冰激凌。"恰好你也有同样的爱好，一定要想办法告诉他。如果他说他出生在东北的一个小镇上，碰巧你去过也喜欢在那里度暑假，那你也一定要告诉他……

5. 适当谈谈自己

当有人要求你讲自己的时候，不要守口如瓶地拒绝。稍微告诉对方一点你的情况，他会感到十分荣幸，因为你是用非常友好的姿态与他交谈的。

读书破万卷，表达如有神

"知识就是力量。"要想表达得有力度、有气势，就要有丰富的学识、阅历，对表述材料要充分熟知。"问渠那得清如许，为有源头活水来"，许多伟人和名人所具有的谈吐睿智和幽默，都是以学识渊博和阅历丰富为基础的。

追本穷源，一个口才好、善于表达的人，必须经常在知识积累上下功夫。要不断地扩充自己的兴趣，积累讲话的素材，丰富自己的知识，开阔自己的视野。知识丰富、熟知材料是自信自如表达的基础条件，正所谓"充实，是自信的前提"，而"自信，就是力量的源泉"。

著名剧作家曹禺曾说过，哪一天我们对语言着了魔，那才算是进了大门，以后才有可能登堂入室，成为语言方面的富翁。那么，我们应该怎样来具体学习、锤炼语言，提高自己的表达能力呢？下面介绍几种可行、有效的方法。

1. 多读书，多看报

日常生活中，我们每天都离不开报纸、杂志和书籍。在读书看报时，备一支笔、一些卡片纸和一把剪刀，把所见到的好文章或让自己心动的话语摘出来，或剪下来，或摘抄在卡片纸上。每天坚持做，哪怕一天只记一两句，也是很有意义的。日积月累，在谈话表达的时候，你也许就会不经意地用上它们，从而使自己讲话的内容丰富起来。

2. 善于学习

对于谈话的题材和资料，一方面要认真地去吸收，另一方面要好好地去运用。懂得如何运用，可以使一句普通的话发挥出惊人的效果。学习吸收的目的是为了很好地应用，不能应用的吸收毫无意义。

俗话说："熟读唐诗三百首，不会作诗也会吟。""群书万卷常暗诵"，吟咏其中，则可心领神会，产生强烈的兴趣。摸熟语言的精微之处，则会唤起灵敏的感觉；熟悉名篇佳作的精彩妙笔，则会获得丰富的词汇。长此以往，自己演说和讲话时，优美的语言就会不请自来，这并非天方夜谭。只要我们潜心苦读，勤记善想，揣摩寻味，持之以恒，就能尝到醇香厚味，如果反复地用，不断地学，久而久之就可以像郭沫若所说的那样"于无法之中求得法，有法之后求其他"了。

3. 注意搜集并积累警句、谚语

在听别人的演讲或别人的谈话时，随时都可以听到表现人类智慧的警句、谚语。把这些话在心中重复一遍，记在本子上，久而久之，你谈话的题材、资料就越来越多，说话表达也就越来越条理清楚，出口成章。

4. 提高观察问题、思考问题的能力

要提高自己的表达能力，就要不断提高自己观察问题、思考问题时的敏锐性，丰富自己的学识与经验，并增强自己的想象力与敏感性。随着表达能力的提高，你的生活也将丰富多彩，整个人的个性素质和各方面的能力都会提高，从而成为一个善于说话、长于表达的高手。

总之，广博的知识、丰富的阅历可使人在掌握大量材料的基础上当众讲话，听众能从中获取有益的信息，表述者也可从容不迫，挥洒自如。

只要稍加留意，就会发现许多人在说话中有一些毛病。虽然这些毛病不具有决定意义，但如果不加以注意，就会大大影响我们的谈话和表达效果。

一般人在交谈表达中常常容易出现以下几方面的问题，是需要注意和克服的。

1. 多余的口头禅

有些人喜欢在交谈中使用太多或不必要的口头禅。例如，一些人喜欢在什么地方都加上一句"自然啦"或"当然"一类词句；另一部分人喜欢加太多的"坦白地说""老实说"一类的套语；也有人喜欢老问别人"你明白吗？"或"你听清楚了吗？"还有人喜欢说"你说是不是？"或"你觉得怎么样？"如此等等。

像这一类的小毛病，可能你自己平时一点儿也不觉得，最好的办法是问一问你的朋友们，请他们替你注意一下，并时刻提醒你。

2. 滥用流行的字句

某些流行的字句，往往会被人不加选择地乱用一番。例如，"纳米"这个词就被滥用了，什么东西前面都牵强地加上"纳米"，"纳米牙刷""纳米字典"……使人莫名其妙。

3. 乱用一些词

有些人不知是因为偷懒，不肯开动脑筋找更恰当的字眼，还是有其他方面的原因，特别喜欢用一个字或词来表达各种各样的意思，不管这个字或词本身是否有那么多的含义。例如，许多人喜欢用"伟大"这个词。在他的言谈中，什么东西都"伟大"起来了。"你真太伟大了""这盆花太伟大了""今天吃了一餐伟大的午饭""这批货物卖了一个伟大的价钱"等，给别人一种华而不实的印象。因此，我们要尽可能地多记一些词汇，使自己的表述准确而又多样化。

4. 喜欢用夸张的手法

夸张的手法有一种引人注意的效果。不过，我们不能把夸张的手法用得太过分。否则，别人就不会相信你说的话。

在现实生活中，你不可能每次说的都是非常重要的消息；也不可能每次都讲最动人的故事或是最可笑的笑话；你所看的书，不可能每一本都是最精彩的；你所认识的朋友，不可能个个都是最可爱的。不要到处都用"最"、"极"、"非常"、"无限"等词，如果在你这无数的"最"中，有一个真正的"最"，你怎样表示呢？难道你要这样说："这件事对我来说是最最重要的。"如果你真这样说，别人听了也无动于衷，因为他们会认为你是一向喜欢夸大的人。

Chapter 2

聊得来：离不开一语中心

表达切忌颠三倒四

说话表达是我们交流感情、传递信息的重要沟通方式。在学校与老师、同学交流，在家中与父母兄弟闲谈，向熟悉的人倾诉心声，向陌生的人介绍自己，遇上麻烦寻求帮助，碰上高兴的事想和朋友分享……这一切的一切都需要说话。那么，我们怎样才能使自己的表述清楚，让别人一听就能明白自己所要表达的意思呢？其实抓住中心是表达的关键。

下面是张春同学放学回家后向他的哥哥说的一段话：

哥哥，今天我们班里发生了一件令人痛心的事情。明天我们班和二班举行篮球赛，王明不能上场，我们班的实力就会受到影响。我的同桌赵杰是我们班的班长，学习可棒了，每次考试都是全班第一名。他还是我们班篮球队的队长，是组织前半场进攻的主力。运动会上，他又是全校的短跑冠军，百米决赛像飞一样，我怎么也跑不过他。今天第三节体育课时，老师进行百米测试，六个人一组，每组跑两次，选一次最快的成绩作为考试成绩。我和赵杰分在一组，第一次赛跑，赵杰比我快0.3秒，第二次他又跑在最前面，可是在最后冲刺时，他摔了一跤，脚扭伤了，肿得老高，结果我跑了第一。本来有把握赢球，现在看来胜负难分，大家都很担心。

读了这段文字，你能明白张春要告诉他哥哥什么事吗？很明显，他说的话没有中心，本来要说班里一件痛心的事，还没说完，又开始介绍赵杰，中间又穿插运动会，接下来又回到了篮球赛上。整段话语，没有明确的中心，又缺乏条理，让听者一头雾水。

说话要有中心，就是指说话要有目的、有方向、有条理，以对方能理解为目的，围绕目的展开论述。说话前也要理清所说话语的思路和线索，不要颠三倒四、指东说西，无关紧要的枝节都要去掉。

其实，做到说话表达有中心，也并不是什么非常困难的事。记住下面的顺口溜，有助于你将话表达得中心突出、条理清晰：未曾开口主意定，删枝去叶主干明。按时、按序、按主次，中心突出条理清。

沟通和表达的目的要明确

每一种谈话，无论怎样琐碎，总要保持中心点，这也是所谓谈话目的，其目的就是能够促进你和对方的关系。

一次成功的表达要有双方的互动才能实现，并取得良好的效果。如果只顾自己喋喋不休，而不顾别人是否爱听，自然惹人讨厌；而漫无边际地说话，或者毫无目的地找人说一些无关痛痒的话，也不会受人欢迎。除了一些随意的聊天外，一般与人说话，或者找人倾诉，都是有目标的，也就是带着某种目的来沟通。

比如，夫妻之间吵架，想要达到和解的目的，有必要沟通；销售人员要将东西卖给顾客，要达到这个目的，就要千方百计地寻找与顾客沟通的方法；老师要达到教导学生的目的，就要与学生做好沟通的工作；领导要给下属布置任务，要与下属沟通；同样，下属要给领导汇报情况，请示工作意见，也会与领导进行沟通。

没有明确的目标，表达也就没有目的，也就称不上真正的表达。

与人交谈是为了享受对话的乐趣，谋求彼此心灵的交流，同时完成交谈的目的。

因此，交谈的重点在于要有一个共同的话题，而不应该像一个全能人那样逢人就想说教。在交谈的时候，有些人总是显得不耐烦，使交谈没有活跃的气氛。这种情况多半是因为话题没有回应造成的。再者，自己若是对这次的交谈不感兴趣，自然也会出现这种情况。

在社交活动中，没有人喜欢在别人面前只谈自己，也没有人愿意奉陪夸夸其谈却无半点意义的说话者，说话只讲自己喜欢的话题而对别人毫无关系，这对倾听者来说也是难以忍受的。只有围绕目的来表达，而对方又能善解人意地帮助自己完成目的，才是沟通的双赢。

表达要围绕中心

说话如果词不达意，抓不住重点，表达自然也就效果甚微，难以达到说服沟通的目的。说话表达要出效果，就要有中心、有条理。

春秋时期，晋国和秦国联合包围了郑国的都城，郑国危在旦夕。烛之武受郑文公的委派，见了秦穆公，说："秦晋两国联军围攻郑国都城，郑国人已经知道自己将会灭亡。如果灭掉郑国能够对您有好处，您劳师动众还值得。但是，隔着晋国的大片疆土来把远方的郑国作为贵国的边疆，您懂得这是不大好办的。何必灭掉郑国来便宜您的邻邦？邻邦的版图扩张，就是贵国的实力削弱啊。如果能够饶恕了郑国，作为您东方通道上的接待站，这对您并没有害处。再说，那个晋国，哪里会有满足的时候，等它在东方向郑国开拓了疆土，就会再向西方去搞扩张。如果不去损害贵国，它又能从哪里去夺取土地！像这样损害贵国来养肥晋国的做法，您要多多考虑啊！"秦穆公听了打心底同意，就跟郑国签订了和约，晋国看到这种情况，也就撤兵回国了。

烛之武这一番话，使郑国免了亡国之祸。从这番话里，我们可以得到一个启发：说话要有中心。烛之武撇开郑国的存亡不谈，紧紧围绕灭郑对秦国的利弊来谈，这就突出了问题的关键，使秦穆公透过错综复杂的关系，认识到灭郑只能加强晋国、削弱秦国，从而接受了烛之武的观点。试想，如果烛之武在谈话中旁枝四出，说了许多与秦国的利益无关的话，就把谈话的中心淹没了，当然不可能取得很好的效果。

说话要有条理，表达要有中心，先说什么，后说什么，要有一个合理的顺序。烛之武这番话，一开头就表明自己是为秦国的利益来做说客的，这样就消除了对方的戒心。接着从地理位置分析灭郑对秦有害，存郑对秦有益。最后指明晋国才是秦国的潜在敌人，提请秦穆公考虑：因灭郑而加强晋国对自己是否合算。这番话说得有条有理、中心突出，使人一听就信服。如果颠三倒四，头绪不清，人们听了不得要领，就很难有什么说服力了。

要使说话中心突出，条理清楚，就要在说话前理清思路和线索。紧紧抓住中心，把无关的枝节统统去掉，切勿求全求多；把材料的先后安排好，力求层次清晰，眉目分明，避免乱了套。

言之有物才让表达更清楚

说话言之有物，表达有的放矢，才能达到预期的效果。

《周易·家人》："君子以言有物，而行有恒。"人们在日常生活中都会遇到这样的情况，不管是听别人的讲座，领导做报告，还是和周围的人聊天，都会碰到言之无物、空洞乏味的时候，上面讲得很热闹，下面听众却觉得困顿乏味，虚无缥缈。听众最怕听到的讲话是言之无物，不知所云。

为什么会出现言之无物的情况呢？究其根本，问题在于谈话者、演讲者没有很好地理解自己的讲话内容。自己都不明白为什么要说话，怎么能期待给听众一个内容充实、言之有物的表达呢？要解决这个问题其实并不困难，简单地说就是要充分准备自己的讲话内容，在开口讲话之前比较透彻地理解问题，才能在表达时做到言之有物，有的放矢。

有一天，林肯律师事务所来了一位行走蹒跚的年老寡妇，她是一位阵亡士兵的妻子。她向林肯泣诉，说她应该领取的四百元抚恤金，被一位发放抚恤金的官吏强索去二百元的手续费。林肯听了勃然大怒，立刻帮助她向法庭对那位官吏提起了诉讼。

开庭的时候，林肯用愤怒的目光看着被告，他所说的话，差不多每个字都是十分中肯且言之有物，那种严正的态度、热烈的情感，几乎使他跳起来剥掉那位被告的皮："时间一直向前迈进，在1776年的英雄，已经成为过去了，他们是被安置在另一个世界中了。但是，那位英雄已经长眠地下，他的年老衰颓而且又跛的遗孀，此刻来到我们的前面，请求替她申冤。在过去，她也是体态轻盈、声音曼妙的美丽少女，现在她贫无所依了，没有办法，只好来向享受革命先烈所争取到自由的我们，请求给予同情的帮助和人道的保护。我现在所要问的是，我们是不是应该援助她？"

当林肯这样一段中肯的话说完了，在座的人感动得流下眼泪，大家一致认为老妇人的抚恤金是分文不能少给的。法庭最后分文不少地追回了士兵遗孀的抚恤金，严肃审判了那个官吏。

不论对谁说话，都要避免空洞的内容，去除那些泛泛而谈、不着边际的言论。言之有物，表达的内容就会充实，就能吸引听者关注，激发听者的兴趣，进而增进交流，达到预期沟通效果。

击中"要害"，攻其要点

在交谈中，要想达到说服别人的目的，关键是要选准"点"，攻其一点才能一举取胜。

苏联大革命时期，无政府主义者曾经卑鄙地把"经济地位决定人们的思想"这个马克思主义的基本原理偷换为："吃饭决定思想体系"，大肆攻击马克思主义是"填胃的理论"。对无政府主义这种卑劣的行径，斯大林对他们进行了坚决的驳斥："请诸位先生告诉我们吧，究竟何时、何地、在哪个行星上，有哪个马克思说过'吃饭'决定思想体系呢？为什么你们没有从马克思主义著作中引出一句话或一个字来证实这种论调呢？诚然马克思说过的，人们的经济地位决定人们的意识，决定人们的思想，可是谁向你们说过吃饭和经济地位是同一种东西呢？难道你们不知道，像吃饭这样的生理现象是和人们经济地位这种社会现象根本不同的吗？"斯大林抓住无政府主义者通过偷换"经济地位决定人们思想"这个命题而否定马克思主义这实质性问题进行反驳，着重阐明"经济地位决定人们思想"这一命题的特定含义及与他们所偷换的概念的本质区别，因而彻底地击中了无政府主义者的要害，使其荒谬的论调不攻自破。

在攻其一点上，要注意选准的"点"与我们的推断需有必然联系。在运用该方法时，删繁就简把事物的多重关系加以分割和精减。然后把分割和精简后的关系在事物中的作用加以突出，并依此为依据，从而得出相应的结论。

闻一多是一名正直而有威望的学者，当他成为坚定的民主战士的时候，引起了反动派的恐慌。他们四处造谣攻击说："别听闻一多那一套，他还不是肚子饿得发慌，才变得这么偏激。"对此闻一多显得很坦然，他反驳道："这话也有几分道理，我确实挨过饿，正是因为我挨过饿，才懂得那些没有挨过饿的先生们所无法懂得的事情。正因为我现在能够稍微吃得饱一点，有点力气，我就要把这些事情讲出来，是不是这就是'偏激'？让那些从来都是吃得很饱的先生们，爱怎么说就怎么说吧！但是，我只知道国家糟到这步田地，人民痛苦到最后一滴血都要被榨光，自己再不出来说说公正的话，便是可耻的自私。"

闻一多针对反动派的谣言进行反驳，突破对方的防线，取得了论辩的胜利。

选准"点"，发现、捕捉易被忽视但却能使对方措手不及的弱点、缺点、疑点等，然后以点带面，发起攻击，击中"要害"，达到说服对方的目的。

在与人交谈时，你应在极短的时间内说出对他人的要求，以及如此做后他们能够获得什么样的利益。在这个过程中，你不能被一些琐碎的细节所羁绊，只要简单地说出你的重点主张就行了。具体做法如下：

1. 坚定自信地说出要点

所谓的"要点"，就是你与对方交谈所要实现的最终目的。为了使对方依赖你，对于完成你的要求或实现某一目标充满信心，所以你一定要信心十足地说出来。对于对方的行动要求，必须以乐观而坚定的语调，直率地强调出来。为了获得较好的交谈效果，在说话时，你一定不能畏缩而要信心十足。只有真挚的陈述，才能让对方感动，并为此立即采取有效行动，从而完成你的要求和目标。

2. 使对方明白采取行动

不管你所阐述的是哪一种问题，你的目的就是要把问题的要点以及要求对方采取什么样的行动，简单扼要地表达出来，以便让对方容易理解，这样才能够让对方顺利展开行动。为了达到这个目的，最妥善的方法就是把关键部分具体地说出来。

3. 具体而精当地叙述要点

当你要求对方做一些什么事情时，必须进行恰当的叙述，因为对方只会做他们理解的事情。他们既然要依照你的话采取行动，那么你就得准确而精练地把想法表达出来。

Chapter 3

聊得来：离不开幽默风趣

让幽默的谈吐增强你的人际吸引力

唐代诗人汪伦住在安徽泾县桃花潭畔。他与李白素不相识，却十分仰慕这位大诗人，很想一睹"诗仙"的风采，和他交个朋友。恰好李白游历名山大川来到皖南。汪伦觉得这是结交李白的好机会。

可是怎样才能把李白邀来呢？他想到李白喜欢桃花和酒，便灵机一动，给李白写了一封邀请信。信上说："先生好游乎？此地有十里桃花。先生好饮乎？此地有万家酒店。"

李白接到此信，欣然而至。见面寒暄已毕，李白说："我是特地来观看十里桃花，品尝万家美酒的。"

汪伦回答："此地确有十里桃花，就是十里之外的桃花潭；也有万家酒店，就是桃花潭西一个姓万人家开的酒店。"

李白听罢，方知自己"上当"了，不禁大笑不已。他知道汪伦出于一片真情，毫不怪罪对方的玩笑之语。两人一起游玩数日，十分投合。

分别时，两人已成了相交甚厚的朋友，李白感激汪伦待己的盛情，写下了《赠汪伦》这首歌颂友情的千古绝唱："李白乘舟将欲行，忽闻岸上踏歌声。桃花潭水深千尺，不及汪伦送我情。"

为什么李白会与汪伦做朋友？因为汪伦是一个有趣的人。

有趣的人总是受人欢迎，因为他们能够营造融洽的交流氛围，让人感受到轻松与快乐。

有位于先生，人称"于大本事"。其实他的身份并不显赫，社会地位也不高，平时就是倒腾服装，做点儿小生意，但他的影响力绝对一流，他的圈子很广，三教九流他都能玩得转，有什么事只要找到他，基本上都能搞定。他为什么这么有本事呢？因为他是一个有趣的人。

有一次，"于大本事"和一个身份相当高的朋友出去吃饭，那朋友喝高了，酒后吐真言，感慨地说："我活着最大的乐趣就是和哥哥你喝酒、聊天，听你讲笑话。我看见你就特放松。真的，你别看我平时风光，那都是假的，活得很累，只有和你在一起喝酒的时候，我才觉得自在快活。"

"于大本事"不过是个小商贩，可他能说会道，见多识广，是个非常有意思的人。天生的幽默感，使他的一言一行都能让人开怀大笑。无论任何场合，只要有他在，绝对不冷场，绝对是好戏连台。

他的一首歌、一个眼神或一句话都能让人捧腹大笑。他的搞笑的段子张口就来，不用思考，说得恰到好处。所以，大家都喜欢他，但凡和他吃过一次饭的人，下一次都会记得叫上他，没有他在，大家都感觉心里空落落的。这就是"于大本事"的真本事。

每个人都喜欢有趣的人，尤其是在这个生活节奏很快、压力巨大的年代，人人都喜欢"开心果"。你是个有趣的人，那你在世界的任何一个角落都受欢迎。

有一次，"于大本事"出差，在机场大厅等候班机时，他与邻座的男士攀谈了起来。那位男士带着一个小男孩，由于孩子调皮好动，他渐渐有些不知所措。

这时，大厅中提示登机的广播响起。"于大本事"站起身来，同情地拍了拍男士的肩膀，说："保重，老兄。"

那位男士很奇怪，不明白这位萍水相逢的人为何如此郑重其事地与自己道别。而"于大本事"接下来的一句话把他给逗乐了："地球上，没有比七岁的小男孩更可怕的生物了，他们有好奇心、行动力、破坏力，以及《未成年人保护法》。"

那位男士听完，哈哈大笑，和"于大本事"交换了名片。回到家后，他每每为儿子的调皮伤脑筋，想起"于大本事"的趣话，就偷着乐，于是便会主动拨通"于大本事"的电话，与之攀谈。就这样，这位男士成了"于大本事"的商业合作伙伴。

像"于大本事"这样有趣的人，根本不用费心思主动搭讪，就能够把陌生人吸引到他的身边，这种变被动为主动的本事，就是依靠幽默获得的。幽默风趣的谈吐，不仅给他人留下了美好的回忆，也为自己下一次同对方交流创造了机会。假如你有这样的幽默感，你也会成为一个广受欢迎的人。

化解尴尬的好方法——幽默提醒

有一个小伙子到未婚妻家吃饭，接受准岳父母的考验。未婚妻特别叮嘱道："我们家里有个规矩，客人不能给自己添饭，否则的话，会被认为不礼貌，你可千万得记住啊！"

小伙子答道："饭来伸手，我又何乐而不为呢？"

没想到的是，在吃饭的时候，未婚妻和准岳母随便吃了一点就干别的事情去了。而准岳父几杯酒下肚，话匣子打开，开始眉飞色舞地神侃，根本就没有注意到准女婿的饭碗早已空空如也。

小伙子见满桌的美馔佳肴，举箸沉思，灵机一动，便计上心来。他开口道："伯父，你们打不打算修房子呀？"

准岳父说："修倒想修，就是眼下木料紧张。"

小伙子接着说："我有个朋友有批木料，还是柏木，最小的就有这么大。"说着，他把碗一举。

准岳父发现他的碗里早就空了，赶紧叫道："老婆子快添饭！"

小伙子顺利渡过了这一难关，又吃上了饭，便不再提木料的事，可是准岳父却还挂念着这事。他继续问："你刚才说的那批木料，他卖了吗？"

小伙子夹了一口菜，便道："他先前没有饭吃，打算卖，现在实行了责任制，有饭吃了，他就不卖了。"

要知道，许多人遇到这种情形，因为怕失礼，往往强忍饥饿，装成吃饱的样子放碗离席。如此倒是全了礼数，却委屈了自己的肚子。

这个小伙子却非常聪明，巧妙地找到一个话题，让准岳父感兴趣，并借机展示自己的空碗，从而达到了目的。

而且，最后他还隐约地点出自己谈这个话题的动机，让未来的岳父明白他的意思，如此幽默提醒，让准岳父对他刮目相看，连说"这小伙子机灵，十分要得"。

如果小伙子直接说"我的饭没了"，或者说"还有饭吗"，那么作为主人，往往就会觉得很丢脸——竟然没有注意到客人的饭碗空了，实在是照顾不周啊。有的主人还会觉得："这孩子倒也老实，只是看上去一副傻模样，脑瓜好像不太好使。"

那么，小伙子忍着不说呢？那就只有饿着肚子了。而且，小伙子回到家里还不能埋怨，否则准岳父会想："饿着肚子，还不知道言语？这个小伙子可真傻，胆子好像也不大，我女儿嫁给他，能行吗？"

很显然，故事里的小伙子不傻，他采用了一种幽默的提醒方式，机灵地提出了自己的要求，让准岳父对他高看一眼。

小伙子与准岳父的谈话，相互之间还存在一些顾忌，所以幽默提醒非常婉转。而朋友之间不需要虚假的客套，互相打趣甚至嘲讽一下反能增进友情。

比如，到朋友家吃饭时间到了，你不必假模假样地说"吃过了"，尽管痛快地饱餐一顿即可。即使朋友没有为你准备饭，也可以开玩笑，提醒朋友别忘记招待你。

一天，老李到朋友家拜访。这位朋友是个爱好音乐的人，他拿出各种乐器，一件一件地演奏给老张欣赏，这样一直过了中午。老李肚子早饿了，可是朋友还在没完没了地拨弄乐器。

朋友兴致勃勃地问老李："老兄，你说世界上什么声音最好听？是二胡，还是笛子，抑或是小提琴呢？"

老李回答说："朋友，这会儿，世界上什么声音都没有饭勺刮锅的声音好听呀！"

旁敲侧击、巧找借口，能为你在尴尬中找到一个很好的解决方法，但得注意在语言表达上一定要温婉谦和，否则效果可能会适得其反。只有正确而巧妙地运用了幽默这种说话方式，别人才爱听。

特别是初次交谈时，彼此陌生而导致的拘谨会使一些本该轻松平常的事遭遇尴尬。这时最巧妙的方法便是采用旁敲侧击的幽默话，让对方明白你的意图和苦衷，通过这种找借口的方式得以脱困。

生活中常常会有许多意想不到的情形出现，令毫无准备的你感到十分难堪。而聪明的人则会用幽默的眼光来看待它，从独特的视角出发，找出解决问题的办法。

幽默自嘲是最有艺术的打圆场

古代有个石学士，一次在闹市中骑驴不慎摔在地上。一般人遇到这种情况一定会不知所措，可这位石学士不慌不忙地站起来，说："亏我是石学士，要是瓦的，还不摔成碎片？"一句妙语说得在场的人哈哈大笑，自然这位石学士也在笑声中化解了难堪。

后来，有一位胖子不小心摔倒了，场面很尴尬。这个聪明的胖子想起石学士的故事，便灵机一动，拍了拍身上的灰尘，轻松地舒了一口气，说："如果不是这一身肉托着，还不把骨头摔折了？"

还有一个瘦子，摔了一跤，同样用一句幽默的自嘲圆了场，他是这样说的："嘿，还好我的分量比较轻，否则，这把老骨头今天非交代在这里不可！"

上面几个案例，都是通过自嘲达到化解尴尬的目的。这就是自嘲的妙处。

某人要出国进修，他的妻子半开玩笑地说："你到那个花花世界，说不定会看上别的女人呢！"他笑道："你瞧瞧我这副模样，瓦刀脸、罗圈腿，站在路上怕是人家眼角都不撩呢！"一句话把妻子逗乐了。

人人忌讳提自己长相上的缺陷，可这位丈夫却能够接受自己的先天不足，并不在意地自揭其丑、自曝其短。这样的自嘲体现了一个人的智慧和胸怀，比一本正经地向妻子发誓决不拈花惹草，其效果不是更好吗？此时他在其妻眼里，一定变得忠诚可信。

在社交场合中，当你陷入尴尬的境地时，借助自嘲往往能从中体面地脱身。在某俱乐部举行的一次招待会上，服务员倒酒时不慎将啤酒洒到一位宾客那光亮的秃头上。服务员吓得手足无措，全场人目瞪口呆，这位宾客却微笑地说："老弟，你以为这种治疗方法会有效吗？"

在场的人闻声大笑，尴尬局面即刻被打破了。这位宾客借助自嘲，既展示了自己的大度胸怀，又维护了自我尊严，给人留下良好的印象。

适时适度的自嘲，不失为一种良好的修养，一种充满活力的交际技巧。自嘲，能制造轻松和谐的交谈气氛，能使自己活得洒脱，使人感到你的豁达和人情味，有时还能更有效地维护面子，建立起新的心理平衡。

九州大学是郭沫若的母校，郭沫若于1955年重返日本九州大学时做了一次演讲，他说："在这里我要向我以前的老师表白，我作为一个医科大学生，事实上不是一个'好学生'。福冈的景色太美了，千代松原真是非常的美丽，由于天天都面对这样好的景色，我在学生时代就不用功，对于医学没有认真地研究，而跑到别的路上去。"

他顿了顿，接着幽默地说道："当时我在教室里听先生讲课时，就一个人偷偷地在课本上作诗了。"这番自我爆料的幽默话语，使得在场的学生们顿时觉得眼前的名人变得平易近人，因此，现场爆发出欢快的笑声。

我们听相声，有的演员谈到自己长得不帅时，会说："我这模样有点对不起观众。"在谈到秃顶时说："聪明的人儿不长毛。"提到夫妻关系时说："我怕老婆？那哪可能，就是见到她发怵。"通过自嘲的方式，反而让我们更喜欢他。

懂自嘲的人有魅力，这话一点儿也不假。通常他们的人际关系都很和谐，是团体中的明星人物，和朋友的友谊"像酒一样浓"。这是因为懂得自嘲、幽默的人，可以为单调呆板的生活增添色彩。

自嘲从表面看来自己有点吃亏，却能够轻易地建立亲和的形象。周围的朋友会觉得与你相处轻松、自在，是个"开得起玩笑"的人，因而乐于接近你。

人际交往中，在人前蒙羞、处境尴尬时，用自嘲来对付窘境，不仅能很容易找到台阶，而且会产生幽默的效果。所以自我解嘲、自己先笑起来，是很高明的一种脱身手段。

幽默批驳，谈笑间意见就统一了

北宋著名文学家苏轼做翰林学士时，在宰相王安石门下做事。王安石很器重他，然而苏轼才华不凡，加上性情洒脱不羁，对王安石这位"上司"说话就不太敬重，结果闹出许多不愉快。

有一次，王安石谈到坡字，说："坡乃土之皮。"苏轼听了，就开玩笑地说："如果照你这样说的话，那么'滑'字就是水之骨了。"听着苏轼调笑的口吻，王安石很不高兴。

又有一次，王安石说："'鲵'字从鱼从儿，合当是鱼子。四马曰驷，天虫曰蚕，由是观之，古人造字，定非无义。"

苏轼听后，拱手进言道："如此，'鸠'字九鸟，想必也是有一定道理的。"王安石不知苏轼是嘲笑之言，忙问："哦，怎么讲？"

苏轼笑道："诗云'鸣鸠在桑，其子七兮'，七只小鸟再加上它们的爹娘，不正好是九只吗？"

王安石这才知道苏轼又在调侃自己，因此对苏轼的印象很不好，觉得他为人轻浮、狂妄自大，不可以担当大任。不久之后，苏轼被贬为湖州刺史。

三年后任期结束，苏轼回京拜访王安石。书童把苏轼引到书房等候的时候，苏轼见到书桌上放着一方素笺，原来是一首只写了两句的诗，主题是咏菊。苏轼把这两句念了一遍，不由叫道："这两句诗不通啊。"

诗是这样写的："西风昨夜过园林，吹落黄花满地金。"为什么苏轼觉得这两句诗不通呢？原来他认为，西风应该是在秋天才吹起，而菊花在深秋盛开，开得也是最久，即使焦干枯烂，也不会落瓣。

这样一想，苏东坡就按捺不住了，于是他就依着前两句的韵律添了两句："秋花不比春花落，说与诗人仔细吟。"

王安石回来一看，知道苏轼来过，心想："这个年轻人是真有才华。可是到下面历练了这么久，还是这样轻浮傲慢，没有稳重的样子，用他只怕要误事。他还需要历练。"第二天，诏书发下来，苏轼再次被贬，为黄州团练副使。

同样是幽默批驳，东方朔的做法却得到了汉武帝的认可。汉武帝好大喜功，问东方朔："先生看我是什么样的君主啊？"

东方朔明白汉武帝的心思，便回答说："自唐虞之后，到周朝的成康盛世，没有一位国君可以和您相比。以臣看，皇上的品德在五帝之上，功勋在三皇之前。正因为如此，天下仁人志士和贤达之人都来投奔和辅佐您。比如周公、召公为丞相，孔丘为御史大夫，姜太公为将军……"

东方朔一口气将古代三十二个治世能臣都说成了汉武帝的大臣。汉武帝听到这里大笑不止。

但凡有点智商的人，也能听出东方朔的幽默话语里带有揶揄的味道，但是他偏偏够说出这些话来使汉武帝开心。

汉武帝笑过之后，难免就要思考一下自己与古代圣王之间的差距，仔细比较之后，他感到自己确实不如古之圣王。

汉武帝晚年很希望自己长生不老。有一天，他和东方朔谈起了这个话题，他说："相书上说，一个人鼻子下面的'人中'越长，寿命就越长，'人中'长一寸，能活一百岁，不知道是真是假？"

东方朔一听汉武帝的话，就知道这个皇帝又在做长生不老的白日梦，脸上顿时露出一丝讥讽的笑意。汉武帝见后，很不高兴，喝道："东方朔，你是要笑话我吗？"

东方朔连忙收敛笑容，恭恭敬敬地说："陛下，我怎敢笑话您呢？我是在笑彭祖。"

汉武帝问："哦，你为什么要笑彭祖呢？"

东方朔笑着回答："据说彭祖活了八百岁，如果像皇上说的那样，一寸人中能活一百岁，彭祖的人中就该有八寸长了，那么他的脸岂不是太难看了？"

汉武帝听了，也哈哈大笑起来。

东方朔幽默的说话方式，与前面苏轼调侃王安石的说话方式有些类似，但是他们的结局不一样。同样是面对上级领导，苏轼的调笑之语为王安石所厌恶，而东方朔的调侃话语却得到了汉武帝的认同。为什么会如此呢？

这是因为东方朔的智慧与苏轼不同：苏轼的智慧是文人雅士式的，骨子里透着清高和傲气，他的调笑当中有一种看不起的意味；而东方朔的幽默智慧是俗世浑人式的，骨子里透着亲和力，他的调侃总是给人带来欢乐，而不会让人觉得伤了尊严。

关于这两种幽默之间的区别，你是否能够领悟呢？在我们的生活中，有许多人不能区分这两种幽默，结果许多人的幽默变成书呆子式的，完全不接地气，不能愉悦人心。最后，要说的是，千万不要以为东方朔这种俗世浑人式的幽默智慧是市井俚语，没有什么学问。

事实上东方朔本人学识渊博，要不然他也无法说出那么多古代治世能臣的名号。因此，东方朔真正的智慧在于知道在什么时候，什么场合，说什么样的话效果最好。

正因为把握好了这样一个原则，东方朔能用笑彭祖的办法来讽刺汉武帝的荒唐，批驳得机智含蓄、风趣诙谐，而令正在发怒的皇上也不禁哈哈大笑起来，愉快地接受了这种批驳。这种说话的智慧非常高明。

不要调侃别人，尤其是在别人犯错的时候，调侃别人的错误无异于揭人之短。当然，如果你掌握了东方朔式的说话智慧，那又另当别论。简单地说，若是你想调侃别人，让别人接受你，那么你就要让你的幽默言语充满亲和力，而不能一味地讽刺，把他人当傻瓜来戏耍。

幽默有度，开玩笑要把握分寸

古代有个叫魏鹏举的年轻人，才十八岁就中了举人，风光无限、意气风发，早早就娶了美貌娇妻。

结婚才一个月，魏鹏举又不得不离开妻子进京赶考。临别的时候，妻子依依不舍，对魏鹏举说："相公啊，记得想我。考不考得上都不打紧，要紧的是早点儿回来！免得我在家惦记。"

魏鹏举潇洒笑道："'功名'二字，早已是我的囊中之物。放心，你就看好吧。"于是魏鹏举起程到京应试，果然一举成名，榜眼及第。魏鹏举少年得志，自然高兴，当下便修书一封，派人接家眷入京。

魏鹏举在书信中先讲了在京的基本情况以及考得功名的事情，最后开玩笑，写下这么一行字："我在京中早晚无人照管，已经纳妾，专候夫人到京，同享荣华。"

魏夫人接到书信，拆开一看，便有些生气，说："相公就是一个负心贼，刚刚考下功名，就纳妾了。真是太可气了！"

送信的家人说："怎么可能呢？根本没有的事。我在京城那么久，也没见公子纳妾。夫人，这多半是公子开玩笑的话，等夫人到了京城，你就知道事情的真相了。"

魏夫人听到家人这样说，心里才好受一些，说："这还差不多，不枉我一直惦记他。"这边放下怨怼的心思，那边急切见夫君的心思又起来了。于是，魏夫人急急忙忙收拾东西，准备进京。但由于东西太多，车马不便，一时半会儿也到不了，魏夫人便只好先托人寄一封信给丈夫，以报平安。

魏鹏举在京接到信，只见上面写道："你在京中纳妾，我在家中也嫁了一个小相公，过不了多久，我就和他一起来京城见你！"

魏鹏举读完这封信，顿时大笑。就在这个时候，一个进士及第的同学来访，看到了那封信，抢了过来，接着朗诵起来。魏鹏举措手不及，脸都红了，说："那是玩笑话，没有的事。"

那同学笑道："这样的事情可不能开玩笑啊！"结果不久之后，关于少年榜眼的有趣家书一事便传遍了京城。这个时候，有个嫉妒他的人奏了他一本，说："榜眼虽然有才，但是年少德行不修，不知检点，不适合担任朝内的重要职位，最好到地方上去担任基层官员，多历练历练。"于是本来有机会进翰林院的魏鹏举，就这样被"下放"了。一句玩笑话，结果耽误了好前程。

由此可见，幽默虽然很好，若不能恰当使用，也会带来麻烦。如果应用不恰当，就会使自己尴尬。开玩笑要注意场合、地点、时间和对象，如果是在不对的地点、不对的场合、不对的时间，对不适合的人开玩笑，这样的玩笑不仅起不到活跃气氛的效果，而且还会适得其反，造成误会，甚至酿成悲剧。

小王和小张平时爱开玩笑，几天没有见，一见面一个就说："你还没有死呀？"对方也不计较，回一句："我等着给你送花圈呢！"两个人哈哈一笑了事。

后来小王因病住进了医院，小张去医院看望，一见面就想逗逗他，说："你还没有死呀？"这一次，小王变了脸，生气地说："滚，你滚！"小张被赶了出去。

人家正在病中，心理压力很大，小张在病房里对着忧心忡忡的病人说"死"，显然是没考虑场合，人家怎能不反感、不恼火？

其实，小张说这话也是好意，想使对方开心，只可惜他缺乏场合意识，不该在这种场合开这样的玩笑，使自己的话变得不得体，闹出了不愉快。

这个事例说明，有些人说话之所以惹恼人，并不是因为他们不会说话，而是因为场合意识淡薄。所以，这些人的当务之急在于增强场合意识。懂得不同场合对说话内容和方式的特定限制和要求，时时不忘看场合说话。

除了要注意场合之外，还要注意开玩笑的对象。尤其要注意的是，尽量不要开上司的玩笑，以免造成不必要的尴尬。

小唐在一家报社做记者，他是个不拘小节的人，而且特别爱和他人开玩笑。有一天，小唐和报社的同事来到报社主任老杨的家里做客。老杨刚当上报社主任不久就开始"发福"，原来高瘦的身材逐渐胖了起来。

聊了一会儿，小唐突然对老杨说："哎呀，杨主任，你现在的饭量是不是特别大呀，怎么胖成这个样子了？你拿镜子照照，你的脸胖得都看不到眼睛了，再这样胖下去可得了啦！"

在场的所有人听了都大笑起来。其实小唐的本意是想说幽默话，并不是刻意讽刺老杨，但是老杨却并不这么认为。在大家笑过之后，老杨没说一句话，十分难堪地转身走了。

任何事情都要有度，开玩笑也一样，要讲究分寸，否则便会适得其反。因此，有三种玩笑开不得：

第一，过火的玩笑开不得。有个人喜欢开玩笑，一天看到男同学夫妻俩在散步，便装作风尘女子打电话给男同学，弄得男同学的妻子误会，大闹一场，后来通过一番解释，这对夫妻才言归于好。开这样的玩笑，既伤害别人，又给人留下轻率的印象，实在无聊。

第二，伤人自尊的玩笑开不得。有的人不顾别人感受，当着众人的面叫朋友的绰号，诸如"矮子""傻瓜"等，这种叫法很不好。建立在别人痛苦之上的玩笑会令人反感。

第三，侮辱人格的玩笑开不得。有人看到姓朱的朋友，便称其为"猪八戒"，看到属猴的人称之为"猴头"，不仅伤人自尊，还给人留下无素质的印象，惹得朋友厌烦。

幽默应该注意分寸，要看场合、分对象，该庄重时应庄重，千万不要戏耍别人。总的来说，幽默的基本原则是：少开别人的玩笑，多开自己的玩笑。

聊得来：离不开灵活有效

不要只看到自己的成绩，却看不到别人的努力

曹操打败袁绍后，就决定北征乌丸。但是，当时许多人都反对曹操攻打乌丸，反对的理由有两条：第一条，乌丸是少数民族，不值得去打；第二条，劳师远征，后方空虚，若南方的刘表乘虚而入，该怎么办？而曹操却认为，袁绍对乌丸是有恩的，现在自己战胜了袁绍，但袁绍的儿子却跑到了乌丸，若是他们联手，将对于统一大业极为不利。于是曹操出兵了。

结果，这一场仗取得了胜利，但是胜得非常艰难，曹操付出了惨重的代价。班师回朝后，曹操便让手下查当初那些反对攻打乌丸的人。那些人听到这个消息，个个惶惶不安，都以为要大祸临头了。

谁知，曹操突然宣布给这些曾经反对北征的人以重赏。大臣们都非常惊讶，便问曹操为什么。曹操解释说："你们这些人劝我不要打乌丸是正确的，我此次获得胜利完全出于侥幸，这是我的错误。希望你们继续给我提建议，以免我再次走入险境。"自此，手下的人更加忠诚于曹操。

若你想要获得更多人的支持，那么就要学会肯定别人的贡献。当你获得成功的时候，不要只想着标榜自己，而应注意别人作出的努力和贡献。因为你已经获利，这个时候就要放低自

己，肯定他人，给他人一些荣誉，这将让你得到更多支持。

叶先生是一家广告公司的策划编辑，并担任该公司旗下的一个杂志的主编。他平时在单位里上上下下关系都不错，而且很有才气，工作之余经常写点东西。周围的人都对他很是佩服。

有一次，叶先生主编的杂志在一次评选中获了大奖，他感到荣耀无比，逢人便提自己的努力与成就，同事们自然不会驳他的面子，纷纷向他表示祝贺。但是过了一个月，他却发现单位同事似乎都在跟他闹矛盾。

开始他还不当一回事，但这样的矛盾频繁出现，让他很是烦恼。仔细一琢磨，显然同事们是故意的。但他不知道同事们为什么会这样做，后来还是一哥们儿点透了其中的奥妙："杂志获奖了这么重要的事情，有没有感谢一下领导的提点、同事的支持呢？"叶先生这时才恍然大悟。

就事论事，这份杂志能得奖，主编的贡献很大，但这也离不开其他人的努力，而叶先生忽略了这一点，连一句感谢的话都没有，仿佛获得这个奖与其他的人都无关一样，当然会让其他同事心里不舒服。

所以，当我们取得了某些成绩的时候，一定要注意表达感激之情。对他人做出的努力和付出的汗水，不能视而不见。

徐小姐毕业后的第一份工作是在一家企业做销售。由于是新员工，没有特别重要的活儿，徐小姐要做的事就是协助主管整理标书。

徐小姐觉得工作简单，根本没有什么技术含量，因此并没有特别认真下功夫，结果主要的工作都是另外几个同事做完的。然而让人气愤的是，她竟然将功劳归自己所有，她的行为让同事们大为反感。

不久，销售部进行考核，要求员工分组合作完成项目。由于徐小姐"吃独食"的行为在前，几乎没有人愿意和她一组。

最后徐小姐只好独自做整理标书的工作，但是因为前期没有认真工作，缺乏经验，再加上没有人帮衬，她的工作出了问题。主管对她很失望，不久之后，她就离开了这家企业。

徐小姐遭遇事业滑铁卢，不仅因为她的工作态度有问题，还因为她"吃独食"的行为。如果徐小姐没有"吃独食"的行为，也就不会被孤立，遇到棘手的问题至少也能得到别人的帮助。

与之相比，马小姐的做法就完全不同。

马小姐刚毕业就被一家大企业录用，而且还被分配到该企业最重要的部门——设计部。不久，公司准备竞投一个大项目，设计的工作就由马小姐所在的部门负责。部门的经理召开会议，向大家征集设计方案。

马小姐为了做出成绩，每天都加班到很晚。其他的人都下班了，她还在工作。终于功夫不负有心人，马小姐的设计方案脱颖而出，成为公司竞标的首选方案。

经过激烈的竞标，马小姐的设计不负所望，最终为公司拿下了这个项目。公司的负责人很高兴，要求设计部给马小姐嘉奖。

设计部经理把马小姐叫到办公室，把奖金放到她的面前，说："这次你确实为公司立了大功，这些是公司奖励你的。"

　　马小姐觉得，自己如果真有能力完成一件很出色的设计，就不必在乎这一次的荣誉，因为以后这样的机会还有很多，所以让出自己的成绩，对自己以后的发展是有百利而无一害的。

　　因此，马小姐微笑道："如果没有经理力挺我的设计，我也不会这么容易就得到这些荣誉。还有，在我做这个设计的时候，很多同事都给了我莫大的帮助，我还没有感谢他们。所以要说功劳，都是大家的功劳，我怎么能一个人拿这笔钱呢？"

　　经理看着马小姐，觉得这个年轻人有这样的度量和气魄非常了不起，不但把自己的成绩与大家一起分享，连奖金也要平分给大家。马小姐的表现顿时在经理的心里获得了很高的分数。

　　经理笑道："你有这份心就很好。但是，一码归一码，这个奖金是你应得的，要是分了，以后就没有人愿意努力付出了。不能这么干。"

　　同事对马小姐的印象本来就不错，听说她不仅没有独享利益与荣誉，还有要与大家分享的想法，顿时感觉心里暖暖的。大家对她的印象越来越好了。

　　当你建立功劳的时候，就已经使上级对你的才能有了信心。而此时，你又能不忘他人的努力和付出，将自己获得的荣誉与他人分享，这会使你的形象在他人的心目中变得更有吸引力。

　　不要忘记他人的努力和付出，即使他人的付出很少，甚至根本没能帮上你的忙，也不要忘记说一声"谢谢"。

原则的事，该说的就必须先说

老林和老韩是极好的哥们儿，不久之前，老韩找了一份保险经纪人的工作，他发现只要拉到一定量的客户，不仅可以获得可观的收入，还能够迅速升职做管理层。为了提高自己的业绩，他发动好哥们儿老林帮自己拉客户，并且承诺只要老林给自己拉一个客户，便给老林一千元的佣金。

老林也十分乐意为哥们儿效劳，更何况还有佣金拿。由于老林的人脉关系很广，没多久，他就给老韩拉了十几个客户。借着老林的帮助，老韩很快就升职做了主管。

但是老林有些不乐意了，因为自己根本没有得到一分钱的佣金。他几次暗示老韩承诺的拉客户给佣金的事情，但是每次老韩都像没有听见似的，没办法，老林只好挑明了说："老韩，你当初说拉一个客户就有一笔佣金来着。现在我帮你拉了十几个客户，其中还有几个大单子，你也如愿以偿做了管理层，可是我的佣金，你可没有给过一分呢？"

老韩一听，拍了拍脑袋，道："嘿，你看我这记性，佣金是有的，不过也不太多，所以也没太在意，现在就给你。"说着就掏出四千多元，递给老林。老林一看，便道："这也不对啊，你不是说一个客户一千元吗？怎么就这点钱呢？"

老韩拍了拍老林的肩，说："你看，我们是好哥们儿，我也不至于贪你这点儿钱吧。上次我和你说的佣金，后来就改了。这怪我，没及时给你说……"

老林一听这话，就觉得不可信，怒道："可是你当初答应了的，十几个客户，就这么点儿钱，这也太狠了吧。"

"你介绍的那些客户，也就几个大单子能拿一千元的佣金，其他的都是小单子，这四千多元，还是我努力为你争取的呢。你就别嫌少了。"

老林看了看老韩，道："老韩，做朋友这么多年，没想到你这么不地道，早知道，我就和你签份合同。"

事情的结果可想而知了。老林开始拉客户，可能仅仅为了给朋友帮忙，但有了利益收入，那就不只是帮忙这么简单了，二人其实已经是合作的关系，其中的利益分配就转变成为重点。如果利益分配搞不清楚，那么合作就持续不下去，二人的友情也会出现裂痕。

涉及财产等利益问题，一定要把握好原则，免得事情发展到不可收场的地步。先小人后君子，订立协议很重要。不仅合作的利益分配如此，平时借钱的时候也应该如此。

李某的一个朋友向他借三万元钱，并保证三天后归还。李某手里也不很宽裕，只有一万多元，但为了朋友，他瞒着下岗的妻子向同事转借了两万多元，凑足三万元借给朋友。在钱易手的时候，李某想："要不要让他写张借条呢？"可是转念一想："这么好的朋友，何必多此一举，这不是'以小人之心度君子之腹'吗？"于是打借条的事情也就没有提。

三天后，那个借钱的朋友打来电话，说钱暂时还不上，要拖两天。李某想："拖两天就拖两天。"两天过去了，朋友又说再拖两天。李某有些急了，但也没办法，那就再拖两天吧。

谁知道再过两天，对方音讯全无。李某到朋友的单位和家里，都找不到人，朋友的手机也一直关机。李某有些慌了，那个借钱给他的同事也不耐烦了，他当时许诺同事一个星期就还，而今却拖了一个多月，还没有还上。

两个月后，他得到了那个朋友的音讯，但是那个朋友已经将三万元钱扔进赌场，输了个精光，而且还不承认自己借钱了。李某想去法院起诉借钱的朋友，可惜空口无凭，没有证据。结果李某的钱没要回来，人情也没有了，真可谓人财两空。

因此，面对利益问题最好摆到台面上，先讲清楚，以免日后有争议，影响彼此之间的亲密关系。这也是为人处世的一条重要原则。不要说什么"咱们谁跟谁啊"之类的话，常言道"亲兄弟明算账"，开始的时候就把利益分配清楚，以后开展合作、一起做事也就没有那么多麻烦。

朋友或亲戚之间相互借钱，往往出于义气或是碍于面子，没有索要欠条。当对方还不起或者想赖账时，自己却空口无凭，即使到法院起诉，也会因证据不足而没有结果。也有的人当时打了欠条，还款后却没有及时要回自己的欠条或者索要收据，结果对方仍依据欠条索要欠款，搞得有理说不清。所有这一切都是因为碍于情面，你不要担心对方会为此翻脸。如果对方是君子，这样做并没有额外增加他的责任；如果对方是小人，你也就规避了风险，对方想要赖也没门。

胸怀宽广，方能更得人心

　　王女士和李小姐是同事，平时的关系非常好。两个人经常在一起讨论工作上的事情，交换意见，因此两个人的工作成绩都非常出色，经常被领导并列提名表扬。

　　两个人在取得成绩以后，还会相互鼓励对方。王女士的家里有什么活动都会邀请李小姐参加，李小姐生日的时候王女士会买很好的礼物送给她。平日里，王女士总是称呼李小姐为"小妹"，李小姐也称王女士为"大姐"。

　　她们两个一直被单位其他的员工羡慕，很多人觉得她们俩的关系比亲姐妹还要亲。

　　单位的领导接到通知将要升迁。领导告诉单位里的人，说是按照上级的指示准备在本单位选择一个人来接替他。大家议论纷纷，不知道这个好运会落在谁的头上。

　　不久，候选人的条件公布出来，大家一致认为王女士和李小姐都符合条件，因为她们俩平时的工作成绩都很突出，表现也很优秀。王女士和李小姐显然也都明白这个道理。渐渐地，大家发现，王女士和李小姐不再一起出去吃饭了，也很久不见她们俩一起离开办公室了。

　　李小姐和王女士被叫到领导办公室谈话。领导先跟李小姐说："小李啊，你的工作成绩一直很优秀，这一点是大家有目共睹的。小王的成绩和你不相上下，你们两个有没有对现在的问题交换过意见呢？"

李小姐不说话，王女士也不说话。

领导看见两个人都是这个样子，无奈地摇摇头，说："好吧，咱们暂时先说到这里。"两个人走出领导的办公室后都没有搭理对方。

同事看见两个人这个样子，就劝小李说："小李，你还年轻，就让让王姐吧，她过不了几年就退休了。再说，你们两个平时那么合得来，她对你也挺好的。"

李小姐听到这话，先是冷笑了几声，然后说："她哪里对我好了？根本就不像你们看到的那个样子，她这个人最爱占小便宜，跟她相处，我吃了多少亏。这次，我可不能让她，我吃亏也不能这样吃。"

李小姐说这些话的时候，王女士正好进门，听到了这番对话。她气呼呼地来到李小姐面前，说："你还好意思说是你吃亏了。我看你是欺负大家都不知道，跟你这样的人相处，那才叫作真正的吃亏。每次请你到我家里吃饭，你都买些也不知道从哪里捡到的烂水果，根本就没法吃，你还好意思说是你吃亏。"

两个人就这样你一言我一语地吵起来，单位的同事见她们这样都纷纷过来劝解，但是两个人越吵越凶，最后竟然打了起来。

此事过后，两个人谁也没有再理睬过谁。不久，领导的调令下来了，他也向大家宣布了下一任领导的名单。王女士和李小姐谁都没有得到这个好机会。

两个人都觉得如果把这个机会让给对方的话，无疑是对方占了大便宜而自己则吃了大亏。有些时候过于计较，得失心太重，反而会舍本逐末。

得失心太重，失去平常心，很容易破坏人际关系。与人相处，有一分退让，就可能吃一分亏，但也会积一分福。是吃亏，还是积福，在于每个人的领悟，别人认为的吃亏、糊涂，只要自己觉得那样做可以得到满足，也没有什么不能去做的。

管仲和鲍叔牙都是春秋时期的政治家，二人也是好朋友。管仲比较穷，鲍叔牙比较富有。管仲和鲍叔牙早年合伙做生意，管仲出很少的本钱，分红的时候却要分很多钱。

有人看不惯管仲这样的做法，就和鲍叔牙说："管仲怎么能做这样无耻的事情呢？他出了那样少的本钱，却拿那么多的分红，这样的人还是不要和他做生意了。"

可是鲍叔牙一点也不计较，他跟那个人解释说："因为管仲的家里有很多人都要他来养，他的负担很重，所以得拿多一点钱才行。"鲍叔牙在给管仲分红的时候还问他："这些钱够不够？"

管仲帮鲍叔牙出主意办事，结果不但没有把事情办好，还让鲍叔牙损失了很多，但是管仲一点也没有愧疚的意思。人们对管仲这样的态度很反感，但是鲍叔牙说："事情办不成，不是因为管仲的主意不好，而是因为时机不好。"

后来，齐桓公要委任鲍叔牙为相，鲍叔牙却推荐管仲："您要想管理好齐国有高傒和我就够了；您如想称霸，则非有管仲不可！"于是，在鲍叔牙的举荐之下，管仲有了施展才能的机会，而他却甘愿在管仲的手下做事。齐国由此强盛，最终称霸诸侯。

在鲍叔牙去世的时候，管仲趴在鲍叔牙身上失声痛哭道："生我者父母，知我者鲍叔牙！"

毫无疑问，鲍叔牙是一个很有眼光的人，但这还不是他最杰出的地方，他最杰出的地方是胸怀和气量，不怕吃亏。

我们做人应该学学鲍叔牙，不要把利益看得太重，凡事多为他人着想，即便没有他那样的宽广心胸，也要尽量让自己的眼光放长远一点，不能怕吃眼前亏。

你可能现在吃亏，但是很快就会得到回报；也许有人经常占你的便宜，但是他最终会吃大亏。什么事情都是相对的，所以人不要在一点小事情上斤斤计较，良心安稳比什么都重要。

"吃亏是福"，看起来是一句简单的俗语，但其中所蕴含的智慧却一点儿也不简单。社会在发展，在经济大潮的冲击下，很多人觉得讲"吃亏是福"的人简直就是傻瓜。真的是这样吗？吃亏，意味着舍弃与牺牲，但是也意味着合作和双赢。

你要当热心人，也要有个限度

　　老王是少有的热心人，他特别喜欢帮助别人。同事、朋友之间，只要是能够插上手的，老王总会乐呵呵地帮上一把，用他自己的话说，反正闲也是闲着，不如帮人一把。故而他从来都不吝惜自己的时间，也不在乎经济上的一些损失。

　　尽管大家都知道老王是个乐于助人的好人，但不知为何，大家都对老王敬而远之。

　　以前老王有个十分要好的朋友，现在大家都称他为"老张"。在老张还没有对象的时候，老王特别殷勤地帮他介绍了一个。人们看老王为自己朋友的事情忙里忙外，比老张本人还积极，都觉得老王不错。

　　但是后来，细心的人们渐渐发现，老张经常躲着老王，两个人的关系看起来并不好。于是有人就问老张："这到底是怎么回事啊？你们不是铁哥们儿吗？"

　　老张很尴尬，便说了一件事情：结婚那天，老王当着新娘子的面，一遍又一遍地讲他帮助老张忙活结婚的事情。

　　老张说："当时老王说的话，让我感觉没脸见人，原来我这么没用，娶个老婆没有出一点力。这事一直到现在都让我的心里沉甸甸的。唉，这大概就是不能承受的恩情吧……"停了半晌，老张又不甘地加了一句："你们不知道啊，他那意思似乎就是说，没有他，我就要打一辈子光棍。"

就这样，老王的行为让老张一直如鲠在喉。一来二去，老张便与老王疏远了。

像老王这样的人，在生活中并不少见。他们总是喜欢将施恩于人的事情挂在嘴边，似乎特别担心别人会忘记他们的恩情。但是这样做不仅无法得到别人的感恩、佩服和亲近，还会使彼此的关系疏远，甚至引来别人的怨憎。为何会如此？

这是因为每个人心中都希望自己是受人肯定和认可的独立强者，而不是可怜的、需要帮助的弱者。有个人帮助了我们，我们会感激他，会想办法报答他，但如果他总是提醒我们"没有我的帮助，你就没有今天"，总是强调我们被帮助的历史，相信没有几个人心里会觉得舒服。

可是，那些给予你恩情和帮助的人当中偏偏有些不通人情世故、不懂受助人心理的人，想要在受助人面前抬高自己的架子，想要让受助人承认他们是永远的弱者。受助人会如同受到了某种侮辱般心生别扭、不满、厌烦，甚至愤怒。

将心比心，我们便知道总把对他人的恩情挂在嘴边是幼稚的。因此，当我们帮助别人，或给别人好处的时候，要特别注意别人的感受，千万不要总是提起这些事情，最好将这些事情忘掉。

有个人送了朋友一条名牌牛仔裤，从此每逢见到对方穿着时，必然指出那是他送的。不见对方穿着时，他又会问："我送给你的那条牛仔裤呢，怎么不穿了？"

有一次，朋友穿了那条牛仔裤，又被这个人说起。这位朋友实在忍受不了了，便闷声不响地把牛仔裤脱下，递给他："宁可出这种丑，好过为你做免费宣传。"

　　如果你是故事中的朋友，你是不是也会感到不舒服呢？而这样一个哪怕只是顺手帮了朋友一个小忙也会一天到晚挂在嘴边、时刻提醒受恩惠者要记得的人，给我们的印象是怎么样的呢？相信没有几个人会喜欢他们。

　　相反，那些能够将自己施恩的事情忘掉，不计较个人得失的人，因其胸襟与潇洒，往往会受到他人的尊敬。

　　有位不算富有的女孩，很喜欢名牌衣饰，然而买回来不久却又不想穿，于是就送给周围朋友。

　　有个朋友收过她一件名牌衬衫之后，过了若干年，刚好跟她吃饭时就穿着那件衣服，便对她说："这件衬衫是你送给我的，穿了这么多年也没走样。"她大吃一惊，说："这么好的衣服呀，我怎么会送给你了呢？"

　　这个女孩是懂人心的，她也很受朋友们的欢迎，朋友们对她的评价，不是慷慨与幽默，就是大气与洒脱。她听到大家的赞扬后十分快乐，也更喜欢帮助朋友们。

　　如果你为朋友做了事，给了朋友好处，就自以为了不起，那么，必然会招致对方的厌恶。没有朋友会因为你不说，就忘记你的情，多说反倒无益。

虚心一点，别人才能更接受你

春秋时期，孔子和老子各成一家，但是，孔子的儒家学说却总是碰钉子。孔子听说老子的道家学说很有威望，很想去了解一下。

于是，孔子借游说的机会去见了老子。他带了几个学生，到了"道德宫"，见门关着，便上前问道："里边有人吗？"

门打开，出来一个小孩，看着孔子一行人，警惕地问："你们是干什么的？"

孔子连忙上前，自我介绍："我叫孔丘，此来是为了求见老子的。"

小孩听了，点头说："你先等着，我进去通报一声。"说完，小孩回身进去了。不一会儿，那孩子出来说："老师不在家，明天再来吧。"说着把门"哐当"一声就关上了。

孔子师徒被弄得面红耳赤，只好返回。

第二天，孔子又领着学生来到"道德宫"。大门敞着，孔子很高兴。可是，进门一看，二门紧闭。

孔子敲门，又出来一个小孩，他问："你们是干什么的？"

"哦，我们是来求见老子的。"

"是求见，还是求教？"

"求见。"

"求见？不得闲。"说罢，小孩就要关门。孔子一见，急了，改口说："别关，别关！求教的！我们是来求教的！"

小孩眯眼往孔子背后一瞧，说："求教？哪有求教带这么多人的，分明是来挑衅的！老师正在睡觉，没工夫搭理你们，有事明天再说。"

于是，孔子再次铩羽而归。

到了第三天，孔子对学生们说："这样，今天我一个人去求教老子，前两次怪我学礼不知礼，连求见和求教都分不清。"

孔子一人来到"道德宫"，只见宫门大开，遂上前施礼，说："孔丘特来求教。"

话音刚落，出来两个小孩，正是前两天见到的那两个。只见二人以礼相迎，带领孔子进去了。

孔子见了老子，连忙躬身说道："孔丘特来求教。"

老子起身还礼："久闻孔先生的大名，请坐。"

于是，二人攀谈起来。

老子问他："孔先生如今研究什么学问啊？"

孔子回答："正读《周易》。古人也读这书。"

老子说："嗯，古人读《周易》，有用。可你现在读它有什么用呢？"

"我在追求仁义。"

"那么，你追求仁义这么多年，可得到些什么道理吗？"

孔子想了想，说："我研究了二十七年，没得到一个真正能行得通的道理。"

老子听孔子这样说，笑道："既然这样，那么，我就跟你讲讲我的心得吧。光讲仁义是不行的，还必须讲'道'，有了'道'才能有'德'，用'道德'近'仁'，'仁'则近之。你如果愿意追求'道德'的话，我就把我研究的'道德'给你讲一下。"

孔子当即虚心求教。于是老子便一五一十地开始讲了起来。二人从天明一直聊到天黑。从此，孔子每天都去听老子讲道。"道德宫"门前的那条小巷则被后人称为"问礼巷"。

人们往往喜欢高姿态地表现自我，殊不知，低姿态才是良好的心态。心态放低了，有一些看似艰难的事情，做起来就会顺理成章，其实为人处世也是一样的。当一个人能够放低自己的姿态，就很容易得到他人的赞同。

如果当时孔子说："我有一些心得体会，想要和你探讨。"老子必然不会与他聊下去。求教就是求教，要有求教的态度，要是摆出一副欲争辩和说服对方的样子，那就必然让人心生戒备与厌恶。

放低姿态，更能赢得他人的认同与好感，不仅拉近了双方的距离，而且使双方更容易沟通，更容易让对方从心理上接受自己。

有个人在一家一流的银行里做领导，每次参加同学聚会的时候都会迟到，大约是想让大家都觉得他的身份、地位不一般。

每次迟到，他都会说："不好意思，我刚才有一个管理层的紧急会议。""公司的司机不怎么熟悉这儿的路。"然后摆出一副"我和你们不一样，我很忙，本来今天都不能来了"的架势。

这种摆派头的做法让同学们都皱眉头。因此，同学们对他的评价很不好，觉得他看不起人，甚至还会有人说他："那副德行，早晚有摔下来的一天！"

而另外一位先生，他虽然也迟到了，却没有人对他有意见，非但没有意见，大家还都很同情他。他是一家证券公司的管理人员。

有一次，他迟到了一个小时。他是这样致歉的："实在对不起！说起来都不好意思，现在证券业不好做，今天又出了件麻烦事。公司不景气，不能随便用车，坐地铁换乘又换错了。真是对不起大家了！"

听了他的这一番解释，有些人心里会犯嘀咕："真的还是假的呀？"但也不会生气。甚至还有人会报以同情，发出感叹："唉，真是不容易呀！现在大家都不容易啊！"

不去为自己找一些冠冕堂皇的借口，而是把自己的失败、不如意告诉大家。大家会想：原来他也不容易呀！于是，大家的心里也就平衡了。

对于很多人来说，放下身段、放低姿态实在是人生中难以达到的境界。也正是这个缘故，身份、地位越高的人，若能放下身段、放低姿态与别人交流，就很容易使人钦佩。无论你是得意还是失意，无论你是成功还是失败，无论你是幸福还是不幸，永远不要忘了表达自己的谦虚，放低自己的姿态。

会帮忙才是真的帮忙

古时有个农夫与村里的富翁是道义之交。有一年，农夫田地的收成不好，到了年尾，不得不借钱过年。

农夫找到了富翁，希望他可以帮助自己。除夕那天，富翁兴致很高，非常爽快地掏出了钱，借给了农夫，还大方地说："拿去用吧，不用还了！"

农夫小心翼翼地接过钱，谢过了富翁之后，匆匆往家里赶。富翁冲农夫的背影又喊了一遍："不用还了！"

大年初一的早上，富翁很早就起来了，当他打开院门时，发现自家门前的积雪已被人扫过，院子里干干净净。一打听，才知道是农夫一大早做的。

富翁蓦然明白了：给别人一份施舍，就把别人当成了乞丐。想到这里，他立刻去找农夫写了一份借契。

当对方有困难时，主动地伸出援助之手，会使对方倍感温暖。而有时候适当地请求对方帮助，还会加深朋友之间的友情。但是，千万不要以一种高高在上的态度帮助别人，这样只会让人感到不舒服。做人要学会尊重他人。

有位作家打算长期资助一名贫困山区里的学生。于是，他选定了一位品学兼优的孩子。作家每隔一个月都寄去一笔善款，但从来不问善款的去向。

最初，那个孩子给作家写了一封感谢信，但作家没有回信。再后来，孩子竟写信给作家，让其增加汇款金额。其实，之前寄去的善款已经足够。

面对这突如其来的信，作家一打听才知道：这个孩子后来因学习失意，拿钱去网吧上网，肆意挥霍，酗酒打架，甚至曾被送进了少管所。

这个孩子的所作所为，令作家心寒不已，以至作家一度偏激地认为孩子的品行不好，但他从没有反省自己的助人行为所存在的问题。

作家的助人行为有错吗？表面上看没什么问题，有问题似乎也是那孩子本身品质的问题。但是事实上，作家的助人行为是存在问题的——他把帮助变成了施舍，将一种需要感激的帮助变成了一种理所应当的施舍。

当你站在一个较高的位置上，对他人施以援手的时候，要注意说一些必要的话，否则的话，就会伤及他人的自尊。

那位作家在资助孩子的同时，若能够重视孩子的感谢信，多跟孩子说一句："希望你能够好好学习，以后考一个好大学，有一番作为，那叔叔就心满意足了。你可不要让叔叔失望哦。"也许事情就会是另一番景象。

因此，帮助他人的同时，要表达尊重和鼓励，这样的帮助才会更有效。除了对帮助对象要注意表达的方式，在帮助别人的时候，对于其他的参与者也要有起码的尊重。

有个人与他人结怨，为了息事宁人，他多次央求村里很有名望的老人出面调停，但是对方不愿意和解。他听说邻村有个德高望重的老人最擅长调解纠纷，于是特地去请。

那老人是一个热心人，接受了请求，便亲自上门去劝说。费了许多力气，最终使得结怨的双方达成了和解。按照常理，老人家不负所托，完成任务后就可以离开。但是，老人家并没有一去了之。

老人对已经和解的二人说："我听说你们这件事情有许多当地有名望的人调解过，但是最终都没有达成协议。这次我很幸运，你们都这么相信我，让我了结了这件事。但是，我毕竟是外乡人，虽然做成了这件事情，但是传出去未免使本地人失去脸面，这样不好。所以，现在请你们两位帮我一个忙。"

二人听了，连忙点头说："您请说。"

老人说："你们在表面上要做到让人以为我出面也解决不了问题，等我明天离开此地，本地几位乡老还会上门，到时你们接受他们的调解，这样对大家都有好处。拜托了。"

二人听后，对老人家的细腻心思都很是佩服，连忙点头答应。

帮助别人，应该注意调和社会关系，助人之后不要夸功。就像故事里那位老人一样，助人化解矛盾而不居功，竭力维护好其他调和者的尊严，这会更加受到人们的尊敬。

当你打算帮助别人的时候，就要多考虑一些事情，比如帮助人的方式是否恰当，又比如其他参与者的颜面该怎么维护。总而言之，应该把事情做得更加周全一些。不要一时兴起，兴之所至便随意而为，那是不成熟的做法，弄不好的话，便会好心办坏事。

说话的秘密: 有了好印象, 沟通更简单

称呼对准位，开场才顺利

对一个陌生人来说，他自己的姓名就是全世界最重要的，因此你在与对方聊天的开场，一定要记清对方的姓名，知道该怎样称呼他。戴尔·卡耐基曾说："一种既简单又最重要的获取好感的方法，就是牢记别人的姓名。"在任何语言环境下，对任何一个人而言，最动听、最重要的就是他的名字和你对他的称呼。准确、恰当地称呼对方，不但能增强你的个人魅力，还能使你们接下来的沟通变得畅通无阻。

古时候，有个年轻人骑马赶路，天快黑了，还没遇到能住宿的地方，心里很着急。这时，迎面走来一位老农，年轻人便在马上高声喊道："喂，老头儿，离旅店还有多远的路？"老农回答说："五里！"年轻人又策马飞奔，向前驰去。结果跑了十多里，也没见到旅店。他暗想：这老头儿真是可恶，竟然骗我！我非要回去惩治他一下不可，并自言自语道："五里，五里，什么五里！"忽然，他醒悟过来，这"五里"不就是"无礼"的谐音吗？年轻人赶紧掉转马头往回赶，见那位老农还在路边等候，忙下马亲热地叫了一声"老大爷"。话还没说完，老农便说："你已经错过了旅店，如不嫌弃，就到我家住一晚吧。"

在人际交往中，人们对他人对自己的称呼总是很敏感。

尤其是第一次见面时，大家往往更在意。能准确、恰当地称呼一个人，是你与对方交流时最简单、最有效的开场白。具体来说，你可以从下面几个方面入手。

1. 弄清尊称与鄙称，你才不会犯错

对他人的称呼有尊称与鄙称之分，如故事中那个问路的年轻人对老农的称呼，显然是缺乏尊重的一种表现，当然令人不快了。

尊称就比较容易让人接受了，而且还能让双方感情融洽。通常对长辈、长者，"您老"的称呼比较稳妥；对领导，能加上职位会更令对方听着顺耳，如刘总、王董事长、李经理等；对学者、知识分子，可称呼其职称，如宋老师、赵教授等；对比自己小的晚辈或职位比自己低的下属，可直接称呼小李、小王或老张、老吴等。有时也可直呼名字，但记得尽量把姓氏省略掉，这样才显得亲切，如海军、小萍等。

2. 对男人和女人都比较适宜、得体的称呼

如果你留心一下现代人复杂的称呼名目，就会知道一个得体的称呼常会发生微妙的作用，你至少不会在交流中因错用称呼而引起令人不快的事。

对男人的称呼通常都比较简单，称呼"先生"即可。对女性的称呼就要兼顾身份了，一般称已婚女子，使用"太太"比较合适，但如果对方的身份比较高，你最好还是称呼她为"夫人"较为妥当。

对未婚的女子，最好的称呼则为美女。尤其对不熟悉的女子，用"美女"这个称呼比贸然地称她"太太"要万全得多，无论她16岁还是60岁。宁可让她微笑着告诉你她是太太，也不可让她愤怒地纠正你说她还是个"姑娘"！

所以，在拜访前，你最好先弄清楚情况。若有人在旁介绍，就依介绍人所用的称呼方法，不要自作聪明，擅自更改。

3. 称呼对方时，兼顾对方的职位和身份

在称呼中，"先生"这两个字是最普通的，甚至可以通用到去称呼一些高级的官员。要是你觉得没必要称呼对方的职衔，或不知道对方是什么职衔时，"先生"这个称呼就很合适。

以对方的职务来称呼一个官员时，可以不叫出对方的姓氏，如主席、市长、部长、乡长等，都可一概如此。有些人虽然是10年前做过市长，你现在这样称呼他，他仍然很受用。不过，如果你要拜访这样一些人，最好能提前打听清楚为上策。

对待一些服务人员，如司机、饭店服务员、商场销售员等，如果用一个适当的称呼，往往能得到更周到的服务。比如，称呼出租车司机为"司机大哥""司机大姐"，就让人觉得格外亲切，你通常也能获得微笑服务。对服务员、商场销售员等，称呼他们为"老兄""朋友""姑娘""小妹妹"等，通常你也能得到微笑的款待和热情的服务。

总之，一个合适的称呼，是打开沟通之门的钥匙。

寒暄的技巧

"寒暄"一词出自白居易的《桐花》诗："地气反寒暄，天时倒生杀。"

那时候指的意思是"冷暖"。衍生到现在，就是人与人见面后相互的问候，也是与他人开始沟通和聊天最常用的方法。

陌生人初次交往，不可能一下子就聊得火热，大家通常都会心存戒备，这也是交往的一大障碍。寒暄，是冲破这个障碍的有效办法。虽然它只发生在一瞬间，但却魅力无穷，能让彼此快速产生认同心理，满足人们亲和的要求。在与陌生人相见时，如果你掌握了寒暄的技巧，在寒暄过程中有意无意地插入一些对方感兴趣的话题，或谈论一些对方比较了解的事，那么寒暄就不仅仅是形式上的客套了。它能让对方在不知不觉中放松戒备心理，进而与你产生"亲近感"，并很快与你就某一话题聊起来。

贝尔那·拉弟埃是"空中汽车"收音机制造公司的推销专家。在他刚进公司时，被委派的第一个任务就是去印度推销汽车。贝尔那·拉弟埃稍作准备后，就飞往新德里。在那里接待他的是印航主席拉尔少将。贝尔那·拉弟埃见到拉尔少将的第一句话就是："正因为您，让我有机会在我生日这一天又回到了我的出生地。"

这是一句非常得体的寒暄，不但感谢主人慷慨赐予来印度的机会，还表明印度是他的出生地。如此一来，两人之间的距离也立刻拉近了。不用说，贝尔那·拉弟埃的印度之行非常成功。

寒暄是人际交往不可或缺的重要一环。在与陌生人第一次见面时，如果你的寒暄恰到好处，那么也一定能给对方留下良好的印象，你的个人魅力也在无形中得到了提升，接下来的交谈也会变得很顺利。所以，必要的寒暄是人际交往中的一个关键因素。

怎样寒暄才能产生你所期望的效果呢？其实，寒暄并没有什么固定的模式，你需要根据具体的交谈对象和交谈环境而定，但通常可大致归纳为下面几点。

1. 在与别人相遇的瞬间，保持真诚积极的态度

热情、友善的态度，能给对方留下良好的第一印象。所以，在开口前一定要保持愉快的情绪，主动向对方问候，充分体现自己的真诚和与对方交流的良好愿望，让对方感觉你的问候是发自内心的，并让对方从你的言行反应中感受到自己的存在，使其受人尊重的心理需要得到完全满足。

同时，积极的姿态也是富有自信、易于交流的外在体现，这有利于你与对方建立融洽的人际关系。

现在最常见的寒暄话题估计就是天气了吧？那么你在与陌生人相见时，也可以从天气聊起。例如，"今天天气不错，比前几天好多了！"或者"这天气，怎么又下雨

了！"等。

你也可以用真诚赞美对方的方式寒暄。例如，"您今天这件衣服真漂亮，让您看起来神采奕奕。"或者"我看您是开车来的，那辆车真漂亮。我有个朋友也想买车，请问您是在哪里买的？"赞美对方时，有个问题要注意，就是说话一定要言之有物，不能假大空，张口闭口就是"您真漂亮、您真有气质、您真好"等让人感到莫名其妙的恭维话，一听就不够真诚。

2. 内容恰当

在与陌生人见面的4分钟内，只能有两三个问答往复的过程，所以你最好不要与对方寒暄时间太长的内容，做个一般性的寒暄是最好的，如问候、互通姓名，或谈论一些无关紧要的话题。但要注意，在寒暄过程中，一定要注意内容的恰当性，不要令对方感到尴尬，或触及对方的隐私，也不要漫无边际。

例如，在医院走廊里，你作为患者，在准备出院时遇到护士。大家多日相处，临走免不了要寒暄几句。如果护士最后来一句"有空过来呀"，你肯定不爱听，谁没事愿意去医院呢？原本身体康复，高高兴兴地准备回家了，却又仿佛被念了魔咒。

相反，如果护士说："您要出院了，多多保重啊！您这身体素质本来就好，以后加强锻炼，肯定越来越硬朗。"你听了心里肯定高兴，因为这里面包含的是关心和祝福。

所以，在跟人寒暄时，一定要注意场合，根据不同的场合寒暄不同的内容。千万别让自己信口开河。如果对方心情不好，寒暄的声音不要太大，语言也不要太热情、太夸张，可用询问式的语言或安慰性的语气来打招呼，如"您还好吧？""您气色不太好，要多注意休息哦！"如果对方看起来挺高兴，脸上喜气洋洋的，你在打招呼时可以热情一些，让对方感到温暖和开心，进而使其愿意与你交谈。

但有一点要注意，如果你是位男士，在同女士寒暄时，虽然语言应热情一点，但不要太过，否则会令对方感觉你太轻薄，不懂礼貌，这样你们接下来的聊天可能也不会太顺畅。

3. 简洁、真诚、热情

你是不是觉得，寒暄就应该多说一些好听的话，让别人听得心花怒放呢？其实并非如此。寒暄是原本陌生的两个人进入交流状态的一座友谊桥梁，是为了让两个陌生人变得熟悉起来，避免无话可说的尴尬。所以，你的寒暄能达到这个目的即可，无须像作报告那样长篇大论。

例如，你刚刚约见了一位新客户，那么开始肯定要寒暄几句。这时，你可以尽量把话题引到客户感兴趣的内容上来。最常用的就是问客户的家乡是哪里的、那里有哪些风土人情、客户是否经常旅游等，都可以作为寒暄的话语。

在寒暄过程中，你还要时刻观察对方的表现，看对方是否真的感兴趣。如果对方很明显不认可你的寒暄或是另有要事，那就要及时停止，不要惹人厌烦。

人格魅力在说话中有很大的作用

亚里士多德曾经说过，漂亮比一封介绍信更有推荐力，也更容易被人们所接受。事实也的确如此。可以毫不夸张地说，出色的外表是一种竞争力，但如果一个人徒有漂亮的外表，却不能很好地表达自己的思想、展现自己的人格魅力，也一样会一败涂地。

人际交往中的人格魅力，也就是在语言交流中一个人的性格、气质、态度、能力等个性化表现。客观来说，这种表现形式是多种多样的，或达观开朗，或宽容忍让，或微言大义，或义正词严，或一言九鼎，或仪态万方……总之，让听者或于捧腹间顿觉心胸敞亮，或于咀嚼时方知春秋伯仲，从而赢得听者的信赖，令其折服，并有继续与你交流下去的欲望。相反，如果你不能展现出自己的人格魅力，可能就没办法给对方留下很好、很深刻的印象，对方也可能很难再有与你继续聊下去的欲望。

享有日本"推销之神"之称的原一平，在进入保险公司的第一年时，拜会了一家寺庙的住持。他回忆当时的情景时说："由于对方毫无拒人之意，我一进寺庙，刚刚坐定，就冲着住持先生，滔滔不绝地说出投保对他的好处。当时的气氛之佳，让我不期然地在心中告诉自己：'这一趟路没白跑，缔约必成。'可没想到，从头到尾都一声不吭地倾听着的住持，忽然说出一句话，让我愣了半天。他说：'人呀，还是要在初次会面时有一种强烈的吸引人的东西。做不到这一点的话，你的将来就没什么发展可言'。"

这种"强烈的吸引人的东西"，其实就是我们的人格魅力。它是你的内在素质的外在体现，但它既不能靠模仿，更不能靠装腔作势获得，而是你在长期的生活和学习中所形成的一种良好的性格、气质的自然流露。能在与人交流之前展现出这种魅力，你才能吸引别人靠近你，并愿意与你继续交流。

而每个人说话的内容，说话时选词用句与构思的材料、手段，说话的语气、语调，说话时的身姿、手势、表情等，都可以折射出一个人的人格魅力。你如果也想获得一段愉快、高质量的交谈过程，首先就要知道如何向对方展现你的人格魅力。具体来说，你可以通过下面几种方法增添你的人格魅力。

1. 真诚的态度首先就为你的人格魅力加分

真诚，顾名思义就是真实诚恳。人与人交往时，真诚的态度和语言往往也最能为你的人格魅力加分。正如美国小说家维拉凯瑟所说的那样："真诚是每个艺术家的秘诀，而每位演说家都应当是一位艺术家。这是一个公开的秘诀，十分有效。这如同英雄的本领一样，是不能拿假武器来冒充的。"可见，要想与他人聊到一起，你就必须表现出自己真诚的态度来。

在处理人际关系时，世界上有两个普遍被认同的法则，即"黄金法则"和"白金法则"。"黄金法则"的精髓是："你想人家怎么对待你，你也要怎样对待对方。""白金法则"的精髓是："别人希望你怎样对待他们，你就怎样对待他们。"现代人际交往的原则和方法很多都源自这两个法则，真诚的态度也是如此。如果你希望对方能真诚地对待你，而不是一种让你讨厌的傲慢、粗鲁和不屑，那么你首先也要做到真诚才行。这不但能为你赢得对方的好感，还能为你们双方下一步的交流做好铺垫。

2. 用你的自信，换取对方的信任

怎样获得他人的信任？首先你自己要相信自己、肯定自己，这样才能把自己的魅力和才华淋漓尽致地展示出来。倘若你不够自信，对自己没信心，总担心自己说错话、做错事，或害怕自己表现得不够完美，那么结果恐怕也正如你所担忧的那样：语言吞吐，表情紧张，给人留下信心不足、没出息的印象。

如果你不想给人留下这样的印象，就必须让自己拥有自信。在与陌生人第一次交往时，着装整洁，举止端庄，面带微笑，语气亲和，眼神集中，对交流对象表现出尊重、重视的态度是比较妥当。面对这样的一个人，你的交流对象又怎么能掩饰对你的好感呢？

3. 风趣和幽默是最能展现人格魅力的东西

应该说，没有人能拒绝风趣幽默的人，谁都喜欢跟这样的人在一起，包括你自己也一样。风趣和幽默就像春风一样，使

愉悦的气氛充满彼此的交际场中，使你的真诚、温情的人格魅力影响到每一个人。一句得体的俏皮话，立刻就能让你与对方之间拉近距离，获得对方的好感。

如果你想在社交圈中成为引人注目的"明星"，成为一个具有无限魅力的人，必不可少的一项素质就是幽默。要做到这一点，你平时可要下点功夫，如有意识地培养自己的幽默感，多做些这方面的积累，记住一些趣事和笑话，这样在与人交往时才能展露出你的幽默，让别人知道你是个喜欢与他人分享快乐的人。

要记住，幽默也是需要技巧的。谁都想做个幽默、风趣的人，但哗众取宠是不行的，那只会适得其反。况且，能让人笑并不是关键，关键是你能够展示出自己的魅力，让对方愿意继续与你聊下去。

这就是说，幽默也要有深度、有内涵，反映的东西要积极有趣，不要低俗，更不要伤害别人。

可以说，风趣、幽默体现的是一个人的风度和胸怀。这也是社会进步对人的高素质要求，是现代文明的体现。我们常常对具有绅士风度的人赞赏不已，会想要与他们交往，就是因为他们的身上散发着文明的气息，能给人以和平、安宁、舒适的安全感。

气质让你的语言更优雅

如今，气质这个词已经越来越多地应用到现代生活当中，成为衡量一个人人际交往能力的标准之一。而人的气质不只固定在一种类型上，也不是一成不变的。要把握好自我的气质，就要在社交活动中不断地有意识地培养自己的优良气质。

有人说：气质就是一个人的外貌。长得漂亮、俊美，气质就好；否则，就很难谈得上有气质。

这种认识是片面的。气质并不只是外貌的好坏，而更多的是指一个人的气度、修养。孔子曰："文质彬彬，然后君子。"你的气质其实正是你的外在语言与内在思想的适当融合。如果一个人不具备高尚的道德情操，缺乏一定的文化修养，也没有优雅的个性情趣，那么就算长得再漂亮，也难以拥有好的气质。

美国著名影星洛伊于20世纪20年代到20世纪80年代一直活跃在银幕上，但晚年时因日渐发胖而渐渐淡出人们的视线，甚至朋友多次邀请她去海滨浴场游泳，她都不好意思去，尽量找理由推辞。

在一次记者招待会上，一位娱乐记者偏偏就拿这个问题做文章："洛伊女士，您是不是因为自己太胖，怕丢丑，才不去海滨游泳的？"

洛伊想了一下，微笑着回答说："我是因为自己胖才不去游泳的，我担心我们的空军驾驶员在天上看见，以为他们又发现了一个新大陆呢！"

在场的人听后，都发出阵阵欢呼声和笑声，不由得鼓起掌来。

洛伊的话就显示出了豁达的心胸和不凡的气度，既没有被记者牵着鼻子走，又很好地活跃了招待会的气氛，给大家留下了一个良好的印象。

一个人的气质体现在平日的言谈举止之中。同时，一个人气质的好坏，也直接影响着别人对他的评价。例如，在人际交往中，有些人口若悬河，侃侃而谈，却难以得到别人的认可，甚至还会引起别人的厌烦情绪。而一些平日里很少说话的人，却能得到大家的喜爱，这就是那种"君子不言，言必有中"的风格表现出的优秀气质所产生的良好效果。

你是不是也想在说话、聊天时展现出自己的优良气质？那么就要注意下面几个方面。

1. 不要忽视了自己的仪表，不修边幅的人难以得到别人的青睐

不要觉得只要口才好就行了，而对自己的仪表毫不在意。心理学上认为，你给别人留下的第一印象，最能成为别人难以磨灭的记忆。而在你说出第一句话之前，别人首先通过你的仪表来认识你、观察你。如果你不修边幅，乱蓬蓬的头发、脏兮兮的衣服，即便你一开口就能舌绽莲花，恐怕也难以提起别人

的兴趣。

所以，在与人交往时，一定要注意仪表的得体。所谓得体，也不是要求你必须穿着名贵的衣服。事实上，华丽的服饰不一定适合所有的人、所有的场合，而且也不见得会得到别人的认同，只要让我们的仪表整洁、大方、朴素、自然即可。

2. 多与气质高雅的人交往，从他们身上得到熏陶

"近朱者赤，近墨者黑。"环境是非常造就人的，所以，平时要有意识地多与一些气质高雅、谈吐不凡的人交往，这对培养你的气质至关重要。

通常来说，不同的环境也能培养出不同的气质。例如，经常与一些学者交往，你的言谈举止可能也会颇具学者风范；相反，如果你的周围都是一些流氓混混，那么很难想象你能有多高雅的谈吐和气度。

因此，想让自己成为一个气质高雅的人，就必须多与气质高雅的人接触，经常与他们聊天，甚至与他们共同工作、生活、学习，你的气质和言谈也会在不知不觉中发生改变。

3. 说话的态度也是气质的一种表现

在日常的聊天中，我们可能会有这样的感觉：同样的话，这个人说，我们就觉得很顺耳，也乐于接受；而换成另外一个人说，我们不但不愿意接受，还会产生一些厌烦情绪。为什么同样的话会让我们出现两种截然不同的感受呢？原因就在于一个人说话的态度不同，而说话的态度往往又是说话者气质的一

种最直接的体现。

也许很多人都懂得，对方无论说什么都无关紧要，关键是他说话时的态度。态度和蔼，大家都愿意与他交谈，哪怕他说出反对我们的观点和意见，不赞同我们的行为，我们也仍然不感到反感。如果对方态度傲慢，话语尖酸，即使再好的话题也没人愿意与他聊。

因此在聊天时，端正态度是一种很能打动人的气质。无论与什么人交谈，你都不要在言谈中表现出一副玩世不恭的样子。要知道，我们聊天的目的或是互相愉悦，或是推销产品，或是交换彼此的观点，让对方明白、理解、信服或同情我们。如果你费尽口舌说了一大堆，对方非但不接受，甚至还感到反感，那么你的话也就没有任何意义了。

多些谦虚内敛，沟通会更畅通

　　人们都喜欢诉说自己的长处和优点，所以，在与人聊天时，保持谦虚的态度，多聊对方得意的事，通常都能快速获得别人的好感，并愿意与你继续聊下去。

　　法国哲学家洛士佛科说："与人谈话，如果自己说得比对方好，便会化友为敌；反之，如果让对方说得比自己好，那就可以化敌为友了！"这句话简直就是一针见血。如果对方总在言语中表现自己的长处、优点，并陶醉其中，觉得自己像个伟人，那么，你不妨多谦虚内敛一些，这样自然会获得对方的同情和好感，在对方面前塑造一个好的形象。

　　当德怀特·莫罗还是一名刚出道的美国外交家时，就被柯立芝总统任命为驻墨西哥大使。这个大使可不好当，因为当时的墨西哥与美国的关系非常敏感。然而在这关键的历史时刻，莫罗运用了一个策略，让绷紧弦的墨西哥人和焦虑的美国人都放下了心中沉重的大石头。在他与墨西哥总统卡列斯会面的第二天，卡列斯总统甚至对一个朋友说，莫罗才是真正进退有度的大使。

　　到底这位刚出道的大使对卡列斯总统说了什么，让卡列斯总统对他赞赏有加呢？其实，莫罗根本没提那些应由大使负责谈判的严重问题，只是在聊天时称赞厨师的手艺，多吃了几块饼，并请卡列斯总统谈了一些墨西哥的状况：内阁对国家有哪些希望，总统想做哪些事，对于未来他有什么看法，等等。

卡列斯总统之所以对莫罗赞赏有加，就因为莫罗始终保持一种谦虚内敛的态度，鼓励总统谈论自己，并非常注意倾听。这样在无形中，莫罗就显示出了对卡列斯的尊重，维护了总统的荣誉感并令其感觉受到了尊敬。

从心理学角度来说，每个人都喜欢向别人夸赞自己那些引以为豪的事情。所以，会聊天的人在与人交谈时，也经常会使用一些谦虚的语言来打动他人，并注意倾听，令对方感到心情愉快，从而换来对方的信任和好感。最重要的是，它能让说话者感觉到自身价值的存在，满足了对方被重视的心理，双方的交往也因此变得更加愉快。

如何做到谦虚内敛，让沟通更畅通呢？

1. 不让自己当"话痨"，最好是当一个"倾听者"

聊天对话的最基本方式是由两方组成的，而每一方都担负着两个任务：说和听。你的"说"，是为了对方的"听"；同样，你的"听"，又促成了对方的"说"。很多人喜欢在"说"上下功夫，顾不上听别人说，或总是匆匆忙忙地打断别人，或心不在焉地听着别人说……

显然，这种只说不听的"话痨型"聊天方式是很难受到欢迎的。如果你自己滔滔不绝地说个没完，即使对方不时地附和着说一些"是吗""原来如此"的话，可他那举止不定的眼神却在提醒你："别再说了，我根本没听进去。"于是，一场交流只能半途而废。

聪明的做法则是：让自己保持谦虚内敛的态度，把自己当成一个"倾听者"，给对方"说"的机会。当然，在对方说到兴头上时，你还要配合点头、微笑及说些"是吗""对""没错"等语言，相信对方一定会想："看他那副认真听的样子，似乎对我说的事情很感兴趣，我可以多说些。"

做一个会"听"的人，才更有人愿意与你聊天，和你建立亲密的人际关系。

2. 聊天时的用语尽量谦逊、文雅，不过分张扬

说话聊天时用语谦逊，经常称对方为"您""先生""小姐"等，或用"贵姓"代替"您姓什么"等，可以很快赢得对方的好感。多用敬语、谦语和雅语等，还能体现一个人的文化素养及尊重他人的良好品德。

人们都愿意接触那些谦虚内敛的人，而很难喜欢那些爱慕虚荣、自夸自大的人。所以，如果你的个性过分张扬，到哪里都喜欢炫耀一下自己的"光辉事迹"，那么你可能会慢慢发现，你身边的朋友越来越少，愿意陪你聊天的人更是寥寥无几。

3. 学会适当自轻成绩，但要掌握好分寸

在跟人聊天的过程中，当有人夸赞你的成绩时，直言谦虚固然可取，但弄不好可能会给人一种虚假、"装"的感觉。尤其在两个不太熟悉的人之间，仅仅用"您比我强多了"之类的话，容易产生嘲讽之嫌。遇到这种情况，你也不必将自己说得

一无是处，这样不但起不到谦虚的作用，反而可能会被认为是一种傲慢。此时，你不妨对自己的成绩轻描淡写地说几句话，在淡泊之中自然流露出谦虚之意。

此外，在获得对方的赞美后，你也可以诚恳地征求对方的建议，这也是你表现谦虚的一种方式。但要注意掌握好分寸，因为谦虚不等于谄媚。如果你为了表示自己的谦虚，一个劲儿地向对方说一些言不由衷的溢美之词，以为只有这样才显得自己彬彬有礼，谦恭且有教养，那就错了，过分地赞美已成了谄媚。谄媚不但不能给对方以好感，反而会让人生厌，这是人际交往中的一大忌讳。

礼貌的态度胜过任何美言

在与人交往时，礼貌的举止和态度是一个人具有良好修养的表现，也是体现一个人内涵的一面镜子。没有礼貌的举止，就没有优雅的风度，这样很容易在交往中给人留下不好的印象。

当然，举止礼仪并不是人们随意规定出来的，而是大多数人经过实践并被充分认可的。所以，你如果在交往中缺乏礼貌，举止不够得体，就会被人看不惯，对方会认为你对他不够尊重，你还可能再受到大家的欢迎吗？

生活中你应该也经常遇见这样的人：他们或仪表堂堂，或美丽漂亮，然而一举手、一投足便可见其粗俗。这样的人，恐怕也不是你喜欢的类型吧？

"己所不欲，勿施于人。"既然你不喜欢这种无礼的人，那么自己千万也别做个无礼的人。要想给对方留下好的印象，外在美固然重要，但大方得体的举止表现，才更为人们所喜爱。

我们身边也经常发生这样的事：仅仅因为疏忽了一个小小的礼仪细节，便令自己的形象在对方心目中大打折扣。缺乏得当的举止，纵使你舌绽莲花，纵使你有再强的能力，也难以给人留下好的印象。这样，你又怎么能成为人脉高手呢？

准备给你所交往的对象留下好的印象吗？那就从下面几个方面注意一下你的礼貌问题吧。

1. 大方得体的举止方能显出一个人的风度与修养

与人交往，尤其是与陌生人初次见面时，一定要做到举止有度，即所谓的"站有站相，坐有坐相"。在站立时，保持身体正直，切忌东倒西歪，耸肩驼背。两腿间距离不宜过大，以不超过一脚为宜。站立时间较长时，你可以用一条腿支撑，另一条腿稍稍弯曲。

如果站立着与对方交谈，还可随谈话内容做一些手势，但不宜将手插入裤兜或交叉在胸前，更不要摆弄一些小物品，这样会显得不够庄重，也显得缺乏自信。

坐姿和走姿也很重要。坐着时，端正是最重要的，不能东倒西歪，更不能两条腿抖动个不停或跷起二郎腿；走路时，身体应保持正直，步履轻盈，两臂在身体两侧自然摆动，不要过分摇摆，也不要左顾右盼，显得心不在焉。

与人见面时，一般人会用点头和握手来表示礼节。点头时，双眼看着对方，面带微笑，等对方有所表示后再转向别的方向。点头的同时，还可配合握手的动作。

这些大方得体的举止能让你看起来更有风度、更有涵养，给对方留下美好的印象。当然，礼貌举止远不止这些，我们只介绍几种常见的方法。在社交场合，你应该有意识地、恰当地运用这些礼貌举止，既不可过于谦卑，也不要过于傲慢，做到得当、周到，便可充分体现出你的教养，从而成为大家欢迎的人。

2. 用礼貌用语拉近自己与对方之间的距离

与人交流时，若能运用礼貌语言，便可让人感到"良言一句三春暖"，让彼此间的感情很快便融洽起来。这类语言包括：您好、谢谢、请、对不起、别客气、再见、请多关照等。

与一个陌生人第一次相见时，互道"您好"是再容易不过的了。可别小瞧这声问候，它传递着丰厚的信息，表示尊重、亲切和友善，显示出你礼貌的态度。

美国人说话喜欢说"请"。据说美国人在打电报时，宁可多付电报费，也绝不省掉"请"字。

英国人说话往往少不了"对不起"，即使警察对违章司机就地处理时，也要先说声"对不起"。两辆车相撞，不管是谁的错，彼此都先说"对不起"。在这种礼貌的态度下，双方的自尊心同时都能得到满足，争吵自然也很少发生。

6 / *Chapter 6*

说话的秘密：以意想不到
的角度来聊天

在沟通中成为朋友

很多人之间的关系总是停留在熟悉这个阶段，似乎总是不能往前推进，成为很好的朋友。有时候是因为这两个人在价值观上存在着巨大的差别，落差太大的水面无法保持平静，但更多情况下，是有太多人的确不太会聊天。

下面大家感受一下几种说辞：

小李把自己的全家福给三位同事看，并介绍了自己家人的情况。

小陈看完照片后，说："你弟弟怎么长得比你还老？"

小孙看完照片后，说："你长得真年轻，比你弟弟看起来都年轻。"

小王看完照片后，说："平常我就觉得你状态特别好，我猜肯定是你的家族基因好。现在看来，果然如此，你家人都很有青春活力呀。不过，你比你弟弟显得还年轻，你是怎么做到的？"

在这三种说辞中，小陈的回应很糟糕的原因是，他本来想赞美对方年轻，但是却选择了一个负面的角度，贬低了小李和小李的家人，这样的回应必然导致二人关系的疏远。

小孙的回应是很常用的一种赞美，也就是在一种比较中，突出自己要表达的重点。但是，这个比较并不是特别妥帖，原因是没有拿对方和自己比较，而是在对方的家人中做评判，所以有可能引起不同听话者的不同反应。

小王的回应会拉近两个人之间的关系，他的话看起来既简单又自然，但是其中用到的聊天的原理却很巧妙，也的确是高情商的人才能够自然运用的聊天术，他表达和释放的善意最多又最妥帖。

首先，他表示自己一直在关注小李。虽然小李是普通人，但是没有人不希望自己被关注、被在乎、被人崇拜，所以小王的入手就很高明。其次，他看的是对方的全家福，所以需要从整体表扬对方的家人。况且，对很多人来说，表扬他的家人比表扬他本人更会让他高兴。再次，他以提问的方式向对方进行了一个最高级的赞美，让自己和小李之间发生了连接。接下来，小李俨然就成了小王的老师，还能促成两个人继续深聊不中断。

如此，一环扣一环，衔接自然又不做作。

生活中，我们常常会欣赏很多人，但是一味地增进自己和对方的关系，有时候会换来对方的抗拒。不过，如果我们能够在恰当的时候把内心的友好展示出来，增加和对方接触的机会，我们的聊天就有了更好的效果。

我们再举个例子。

你给小李打电话，小李说："我今天又要加班。"

初级回应："你真倒霉"或者说"你努力工作，将来会有回报"。

升级回应："那我不打扰你了，你赶快工作吧。"

高级回应："我也不喜欢加班，但是如果我能和你一起加班，累了的时候一起聊聊天，我就觉得加班也是一种享受了。"

在这三种回应里，我们可以总结以下三种聊天的关键点。

初级回应的糟糕之处是冰冷地说道理，"你真倒霉"本意是为了迎合对方的情绪，但达到的效果却太负面，这样的负面语言会给对方带来更糟糕的感觉。"你努力工作，将来会有回报"是一种居高临下、妄下评判的态度，也给对方带来排斥的感觉。

升级回应的优点是能够关注对方当下的状态，表现了说话者是一个"怕给别人添麻烦"的人，但缺点是聊天的态度偏于保守，对两个人的关系没有推动。

高级回应的特点是，利用了对方的话题，制造了两个人之间一个有画面感的故事。故事是假设的，感情却是真的，那就是如果做一件讨厌的事，我身边有一个愿意待在一起的朋友，那么痛苦就会减半。

这种方法我们可以触类旁通。比如你和对方聊天的时候，你想表达自己的喜悦，你会说："今天真是玩得太开心了。"如果后面能再加一句和对方的关系有关的话，你的话给对方带来的感受就会很不同，这句话就变成："今天真是玩得太开心了，如果你在就更好了。"

不但在我们日常的聊天中如此，在一些重要的合作中，我们表达对对方公司的关注也可以使用这种方法。你要记住对方的得意之作和对方比较在意的话题，在聊天的时候，适当地利用这些话题。

让我们在下面这则对话里，感受两个人之间的情绪流动。

小王："你在干吗呢？"

小李："我在设计一个产品的促销活动，想一个好点子太难了。"

小王："你可以借鉴一下其他商家是怎么做的。"

小李："我还真发现你们公司有一款产品的活动做得非常好，三个阶段的推广都很给力，这个产品策划的内情你能指点我一下吗？"

小王："我们公司这方面是挺有优势的，要不我约一个同事，你们一起聊聊，看看能不能互相借鉴一下行业经验？"

小李："太好了，再大的困难，只要有你帮我，感觉已经胜利一半了。"

这段聊天在我们看起来也许有些轻松、平常，但是实际上，这段聊天能迅速拉近两个人的关系，并促使两个人成为统一战线的战友，但并不是我们可以很随便就能做到的。这段对话完成下来，靠的是两个朋友间的高情商。他们对对方的每一句话都专心倾听，他们的每一个回应，都是对对方语言的全情投入才能接得住的好意。

给自己恰到好处地加分

人和人之间要想建立起可靠的关系，需要恰到好处的自我加分。有的年轻人会觉得交谈中提到个人的头衔会很俗，但现实中，我们遇到的人基本都是普通的人，当你初次去见一个人的时候，对方无法快速了解你的价值，如果你有一些优势的职位，此时你自然地提起，还是会为自己加分的。只是在这个过程中要自然地表达，多考虑对方的感受。

大学生小王和小张都很优秀，学校有个活动，需要邀请社会名人李老师。两个人分别给李老师发去邀请函。

小王是这样写的：李老师您好，我是××大学的学生会主席，我们想邀请您来参加我们读书节的活动。我们学校是国内重点的985院校，我们这次活动会有不少于100人参加。您如果来我们学校演讲，不但能够扩大您的影响力，还能推广您的新书。这次活动是免费的，但是我们会组织得很好。等待您的消息。

小张是这样写的：李老师您好。三年前，我看了您的第一本书，被您的观念所影响。这三年来，我的生活变得积极和主动，和老师、同学们的关系也越来越亲密，我现在已经是××大学的学生会副主席。您为我带来的改变，让我一生受益，我一直想有机会当面对您说一声谢谢。这个机会终于来了，我们学校有一个读书文化节，同学们怀着热情邀请您来！我们不但有专业的组织能力，还有诚挚的热情。等待您的消息。

这两封邀请函一对比，我们就会感受到明显的不同。

首先，小王的邀请中流露着一种自恋，而非照顾到李老师的感受。他介绍自己的学校，完全没有必要提到985，因为已经有足够知名度的加分项。越是淡淡地提，你在对方心中的分量反而越重。

其次，对于一个在社会上已经有所建树的人来说，直接地表达"我这么做能扩大你的影响力"，基本上是对对方影响力的否定，可能会引起李老师的反感。

最后，当一个邀请发出的时候，最好不要提"费用问题"，因为人和人之间的关系，第一步一定是引起好感，而后才能达成自己的目的。如果好感还没有建立，就只想着达到自己的目的，就是本末倒置。

小张的邀请从三个层面都做得很到位：

首先，小张从李老师熟悉的话题入手。而且，不论一个名人在物质上多么富有，他依然期待自己被认可，尤其对于李老师而言，他的书就是个人思想的完整呈现。

其次，小张的重要信息都毫无遗漏。他的名校背景，他自己的头衔，他现在和老师、同学相处的状态，这些都为他的邀请加分。尤其值得指出的是，他和小王的区别在于，小张虽然只是学生会副主席，但是他给李老师的心理感觉是不同的。他让李老师感觉到他的背后其实是有一大批人，而小王只是交代了自己的头衔，无法让人理解他背后的力量。

　　最后，小张简短的邀请已经给李老师提供了一个参考案例和故事。读完小张的信，李老师的内心一定会有满满的成就感。当一个人感觉好的时候，是心态最为开放的时候，他一定愿意更多地了解小张，并愿意多花一点时间和耐心去了解自己是怎么帮助到小张的。

　　在生活中，我们每个人都有自己的优势，只是需要提炼和运用。

　　当你懂得怎样为自己加分的时候，你就在为自己的公司、领导和朋友巧妙地加分。

　　陈总是一位很有分量的企业家，在与客户第一次见面时，客户就感觉他的助理不俗。

　　因为他们互相介绍的时候，他的助理说："我是陈总的助理，我有幸跟随在陈总身边工作已经10年了。"

　　一个"有幸"就展示了他对陈总的崇拜，一个"10年"就展示了自己的实力和陈总的用人有道。

　　果然，在后来的接触中，客户发现，这位助理在喝醉了的时候都能让自己的"醉话"发挥大作用。

　　那是一次放松的聚会，他们都说不提工作，只为品尝陈总收藏的好酒。酒香醇厚，果然，当场的几个人都有点醉了。大家都开始聊生活的话题和个人情况。这位助理是这么说的："我最尊敬的两个人，一个是我的父亲，一个就是陈总。陈总在我们企业没有资金、需要救命钱的时候，在那么难的时刻，他没有一句抱怨，他整个人的豪情令我至今都很震撼。我的父亲是个普通人，他在一个很容易出现工作失误的岗位上工作了半生。一直到退休，他从来没有出过一次差错。大家常说我工作很拼，但是和我的父亲比起来，我觉得自己还应该更加努力。"

这段话拉近了助理和我们的关系，又提高了他的领导和他本人在我们心中的"段位"，尤其是在这样的一个氛围中，真是恰到好处！

自我加分的难点在于自然，对于销售人士来说，更是如此。你不能过分夸耀自己，也不能生硬地让对方听自己吹牛。所以，从对方过渡到自己，从无意中流露出有用的信息，借助权威人士增加自己的权威感是一种自然加分的话术。

内心自由，语言才自由

我们和别人聊天的时候，顺应对方的谈话能够得到对方的认同，而有时候，当我们的确和别人的观点不一致时，其实没有必要完全依从对方的看法。

这其实是一种说话的态度，有的人总是说别人喜欢听的话，没有自己的底线和原则。这样看似赢得了很多朋友，但是却牺牲了很多自我表达的自由。例如，不敢否定对方，不能说出不同的观点。这种状态其实比"内向型人格"都危险，它能从根本上伤害一个人的社会心理。毕竟，语言的状态代表一个人的内心状态，想要语言自由，就要先内心自由。我们要想办法如实地反映自己，又不开罪对方。

我们要有平和的心态，倾听别人和反馈别人。

例如，有人说："我觉得现在的保健品都是骗钱的。"

对方说："你这么说证明你根本就不懂保健品。"

两个人"绝对否定"的说话态度，容易引起双方对彼此展开人身攻击。

这种情况下，你如果用一种讨论的态度来打开局面，情况就会好很多。

例如，有人说："我觉得现在的保健品都是骗钱的。"

你说："也不全是，有的人身体状况不是特别好，保健品能起到一定的辅助作用。"这么说话的好处是用一种讨论来代替你直接说"不"，从而进入一种开放的聊天环境。

在生活中，讨论的态度至关重要。首先练习把说话的速度放慢，这样有助于进入情境。

很多人聊天时接话特别快，本质上不是"口无遮拦，说话不过脑子"，而是他们太期待得到别人的认可，从而导致回应过快。例如，别人说："我的领导太差劲了。"他们会迅速回应："的确太差劲了。"

这种怕冷场的性格会带来一时的好人缘，却不能得到别人真正的信任和尊重。

有的人爱吐槽，如果你跟着一起吐槽，你的格调也高不到哪里去。但是，你如果能够提供给对方另一种视角，对方就会对你刮目相看。

你的朋友向你吐槽，他说："我的领导总是给我安排一些我做不了的工作，真是让我太苦恼了。"

如果你跟着说："他做得太不对了！这简直就是在整你。"

或者你说："你要懂得感恩，这证明领导看得起你。"

这两种回应都不是很好的聊天态度，第一种方式会让你的朋友显得特别可怜，第二种方式会引起朋友的愤怒。

但是，如果你慢一点儿说话、慢一点儿回应，你把话题延展一下，问："他安排什么工作，你感觉自己的能力驾驭不了呢？"

朋友说："公司来了三个实习生，他让我教他们做业务。"

你说："噢，看来你的领导认为你的能力很强，我们也觉得你有领导能力。当然，一次性带三个实习生是有点多。"

此时，朋友肯定不会说："我根本就没有领导能力。"他可能会重新看待这件事情。

如果你再引导对方："可以让三个人互相搭配一下。例如，你看他们三个人的优势是什么，让他们彼此互相提高一下。"

或者你说："噢，看来你的领导认为你的能力很强，我们也觉得你有领导能力。当然，一次性带三个实习生是有点多。你看怎么做能解决这个问题呢？"

此时，你的朋友可能自己就会积极地想办法，和你共同讨论。

另外，把是非题变成选择题。

有个小故事，说的是两家酒吧，同样的经营模式，一家后来倒闭了，另一家的生意却非常好。大家都很奇怪，想知道原因。倒闭的那家酒吧，任何一个客人进来的时候，营业员都会问："您加不加鸡蛋在啤酒里？"80％的人选择不加，结果这家酒吧失去了80％的生意。

生意好的这一家，营业员会问客人："您是加一个鸡蛋，还是加两个鸡蛋？"结果，他的营业额翻倍增长。

当我们要否定别人的观点时，如果也能够用这样的态度，那么给对方一定的选择权就等于给自己留下了余地。

例如，对方说："这款按摩仪不好用，我一定要退货。"

如果你说："不行，就是不能给你退。"对方一定会坚决要求退货，因为他会更加感觉到自己上当受骗了。

对方说："这款按摩仪不好用，我一定要退货。"

但如果你说："可以给您退货，也可以给您换一款更适合您的。因为我觉得您已经用过这一款了，如果能告诉我是哪里不好用，我就能给您推荐更适合您的，这样就不会浪费掉您试错的成本了。"对方至少会认为你是站在他的角度思考了，因而更容易接受你说的话。

我们在这里提到的用讨论代替否定，从表面上看是一种说话的方式，其实也代表着一种看问题的态度，这需要一个人有非常开放的心态。在面对客户、面对领导的时候，你会用这种方式来保持自我良好的形象。同样，在面对家人或者面对比自己弱小的人的时候，我们同样应该保持这样的态度。

给大家举个例子：有个爸爸看见自己的两个孩子在争吵，两个孩子在争着要一个鸡蛋。爸爸的方法可能是迅速把一个鸡蛋分成两部分，一个人一半，求得快速解决问题。

但实际上，爸爸完全可以询问两个孩子为什么争吵，孩子们想要什么。

这样一来，大家意想不到的答案出现了：两个孩子都想吃鸡蛋，但是其中一个想吃鸡蛋黄，另一个想吃鸡蛋清。

于是，这位爸爸就在问题的讨论过程中出现了新的判断和新的做法，这也是讨论的结果。

再给大家举个例子。一个孩子问他的爸爸："我到底是从哪儿来的？"

这位父亲有点不耐烦，也觉得无法对孩子解释这个问题，于是他说："小孩子别问那么多。"

这样否定的回答是一种粗暴的终止谈话的方式。如果面对客户，客户会跑，可是面对的是孩子，孩子不会跑。但是，孩子会受伤害。

　　但如果这位父亲持着讨论的态度，随口问一句："你怎么会突然问这个问题？"

　　孩子的回答可能会令你大吃一惊，孩子说："今天在学校，老师介绍新同学时，说这位新同学是从四川来的，我就想知道我是从哪里来的。"

　　由此可以看出，不论对待谁，讨论的态度都有可能给你带来不同的答案。只有当我们从自己身边最不必顾及感受的人开始，顾及他们的感受，诚实、宽厚地与之交流，我们才有可能在面对客户、面对同事、面对这个社会的时候，同样有这样一种开放讨论的、好的语言习惯。

把话说到对方的心里

　　人与人之间的距离很奇妙，有的人永远也不能和别人的关系更近一步，有的人却能在短短几句话中和他人发生强烈的关联。

　　那么，这其中的关键点是什么？最关键的应该是，你与对方的谈话是否有着很强的目的性。当对方感受到你的目的性时，无论你的话说得多漂亮、多好听，对方都会心生排斥。反之，如果你能够用语言和对方建立起一种自然的、无功利性的连接的时候，哪怕只有短短几句话，对方也会感觉非常温暖。

　　那么，我们究竟该如何说呢？

　　第一种情况是，当我们存在着一种"弱功利"时，要考虑对方的感受。

　　小丁是一名留学生，初到国外的她很依赖自己的同胞。于是，她找到了自己的一位同胞小王，开始聊天。她说："咱们来这里，我很不适应，希望你能照应我。"没想到，她说完这句话，小王就和她疏远了。

　　这样的说话方式有重要的弊端，就是没有考虑对方的感受。

　　一方面是向对方的索取态度。小丁的本意是示好，但还是存在一种心理需求的，这样的表达就要充分考虑：我们面对的对象是谁，我们和对方是什么样的关系，我们说完话之后的效果会怎样。当小丁面对小王的时候，她没有注意的是，小王和自己虽然是同胞，但是两个人一点儿都不熟悉。第一句话应该关心的是对方的需求，或者通过寒暄给对方带来情绪价值，而不是直接用索取的态度要求对方。

另一方面是不积极的人生态度。小丁本意是想靠近对方，但是她以自己想当然的态度"想象"了对方。她把自己和对方都置于一个"不适应"的可怜境地，间接地也伤害了对方。这种不积极的态度并不能促使彼此的关系更近，反而将对方推远了。

小王作为一名留学生，她和另一名留学生小李是如何连接感情的呢？

小王找小李聊天，说："我今天外出的时候，看到了当地的一个风俗，挺有意思的。后来问了下同学，他们说很多中国人都不懂，那是当地人表达善意的一种方式。所以，我一回来就想和你分享一下……"

小李非常感谢小王，两个人的关系越来越近了。

在这段对话中，不论小王口中讲的事情是否有趣，她所表达出来的善意和亲近，会迅速给小李提供一种很高的情绪价值。小李是被重视的，而且还是被小王走心重视的。

第二种情况是，我们的确存在着"强烈功利心"的情况，所以我们要给对方一个理由。

老张自己开了一家公司，经营得风生水起。

老陈需要联系老张帮自己的一个朋友打听一下能否进老张的公司工作。所以老陈一打电话，老张就很直接地问道："什么事，你就放心直说吧！"

老陈听完就直说了。说完之后，老张就答应了老陈，说可以安排，但是他的安排是把公司人力资源部的负责人的联系方式给了老陈，让老陈自己来联系。后来，老陈的这个朋友是按照正常的公司制度去面试的，结果没有通过面试，此事不了了之。

老陈再打电话给老张的时候，老张就巧妙地把这件事情推开了。

在这个对话中，老张提醒老陈"有事直说"。这种态度，可能是因为老张经常接到别人"求办事"的电话所形成的条件反射。但有一点是毋庸置疑的，老张因为自己的生意做得好，所以他对自己的"能量"是敏感的，他知道别人来找自己可能存在目的性。

老陈的失误是真的"直说"了，他最应该做的，是先打消老张的防备心。如何说才能建立自然连接，消解掉老张心中的敏感呢？

老陈可以说："没什么事儿，就是昨天看到我们前年一起去旅游的老照片了，觉得那会儿的我们真是体力充沛，所以你看下周什么时候有时间，我们一起故地重游。"

对于这样的电话，老张是没有什么抵触心理的，因为老陈把突然打电话的这个行为给合理化了。老张在内心是可以自我解释的：对方不是利用我，而是因为感情的联系来找我的。

当自然连接之后，老陈才有下一步让老张关照自己需求的机会。

第三种情况是，我们应该在日常生活中，使用自然连接来聊天。

当你对你的同事或者朋友表示赞美的时候，你会发现存在三个级别的聊天：

第一种说法是："你的衣服真好看。"

第二种说法是："你真有品位。"

第三种说法是："我昨天参加了一个名流的聚会。当时来了一个时尚界的知名人士，她以挑剔的眼光和超高的品位给很多明星都建议过造型。我见到她的时候，当时就好佩服你。"

对方问："为什么？"

你回答："因为你前天穿的那件衣服，无论颜色还是款式，都和那位知名人士穿的一样！"

在这三种说法中，第一种说法从表面上看赞美的是衣服，而非对方的选择。

第二种说法赞美了对方，但是由于缺乏情绪的酝酿与细节的铺垫，等于直接给了对方一个很大的评判。所以，即使是优点的评价，也容易让对方感觉你"言重"了。

第三种说法的高明之处在于，没有直接表扬对方的品位，却利用了一个真实发生的故事，让自己的情感与对方连接到了一起。

当你要约对方吃饭的时候，情商的高低也会影响最后的结果：

第一种说法是："你这周忙不忙？"

第二种说法是："你这周哪天有空，我们一起吃饭去吧。"

第三种说法是："我发现了一家好的西餐厅，位子不好订，但我知道你爱吃西餐，这个周末我来预订咱俩的位置吧。"

第一种说法是一种很常见的聊天方式，但是在你邀约对方的时候，这种提问方式存在一种弊端。也许提问的人是一个很好、很有礼貌的人，但是却容易在这个提问中失去机会：现代人有几个敢承认自己不忙的？不忙在很多人眼中就是没有价值。我们姑且不说这种观点是否狭隘，但是这就是大部分人脑海中所拥有的认知。对太多人来说，忙是好的，代表有人需要自己，代表自己有价值，代表自己有事业心……所以，你问对方忙不忙，对很多人来说，就等于问对方有没有价值。

第二种说法注意到了人们的每一个选择都需要一个理由。当人们不知道你的目的时，是不愿意承认自己有时间的。比如当你问对方忙不忙的时候，即使对方的确百无聊赖，他也希望知道你的目的是什么，因为对很多人来说，他有没有时间取决于你给他的建议是否值得他花时间。第二种说法的好处是把自己的邀约提了出来。

第三种说法的好处是，深刻地理解了人与人之间关系的本质。当你让对方能够获得利益的时候，对方会愿意给你时间。第三种说法就是既表达了日常中对对方的关注，又恰当地给对方提供了利益，消除了对方的抵抗，提高了自己邀约成功的可能性。

克服 "我很忙" 有妙招

听到别人说 "我很忙" 的时候，我们会有一种被拒绝的感觉。这种感觉是否会给你带来负面情绪，取决于你怎样假设对方的立场。

十多年前，当我去采访别人的时候，遇到有人说 "我很忙"，我一定会认为对方是在敷衍我，并揣测对方认为我是一个刚毕业的大学生，人微言轻，才如此拒绝我。而现在，我不常听到这样的话，我意识到是我的能量提高了，工作方法也提高了，才让别人说 "不" 的时刻变少了。

当年，别人是不是真的是因为我刚大学毕业才不给我机会，那是一个未知的问题。但是，现在我更愿意相信，是因为当初的自己没有给别人聊出足够多的价值，对方只好用 "我很忙" 作为一个善意的借口，避免和我直接产生矛盾。

不同的境遇，我们会听到不同的人以 "我很忙" 为借口来拒绝我们。针对如下三种不同的情况，我们应该聊的内容也有所不同。

第一种情况是，对方此刻真的很忙，他虽然知道你的建议的重要性，但是由于你所提到的事情并非是当下急迫要完成的任务，所以对方有可能用 "我很忙" 来拖延。

比如，你向对方提到购买净水器的重要性，对方也已经把你的产品列入他备选的品牌之一。但你需要花一些时间，现场给他演示你所销售的净水器的作用，他才能最终决定是否购买。他无法马上给你这个展示的时间，他会说"我很忙"。

又如，你向对方提到一个合作方案，这对他的长远目标来说是有好处的，也符合对方做事的理念，并且对他的企业或者他的个人品牌也是有推动的，但是你现在给不了他价值。比如，你邀请他参加一个公益活动，但是他现在手头事情很多，而且他手头的事情是能让他的价值快速变现的。他一时不想拒绝你，但也不想答应你。

以上提到的情况，你应该礼貌、客气地"紧追不舍"。

要知道每个人都不可能单独为你准备时间，但是你的诚意和态度会为你争取到更多的时间。

你可以先说："这一个月内，我曾经帮助32个客户购买了这套设备。"这样为对方营造一些要急于敲定一件事情的紧迫感，也给对方的购买行为带来一种安全感。

然后，你再接着说："我看您现在很忙，我就不打扰您了，我下次再来拜访您。您看您是今天下午五点方便还是明天上午有时间呢？"

当你给了对方一个诱导性的选择时，对方可能就会顺着你的话，给你一个机会。而且，你表明下次还要再来的决心，也会推动对方给你一次机会。

第二种情况是，对方的忙是一种常态，而且你也没有明确要和对方商讨的事情和目的，你只是想和对方增进感情。

增进感情在我们的生活中其实很有必要。当对方总说"我很忙"的时候，如果你自己认可了对方的忙，并听之任之，那么两个人就会在彼此心中渐行渐远。最后，两个人都不会再给对方时间和机会，甚至连对方的名字都想不起来了。

无论是与客户的感情、家人的感情、伴侣的感情，还是与同事的感情，都是需要维护和经营的，只是我们需要把对方的时间"聊"出来。

当你邀请对方陪陪你的时候，你如果说："我希望你能陪陪我。"或者说："我希望和你一起吃个饭。"或者是那种逼迫性的指责："我难道不值得你花时间来陪伴吗？"这些都是情商不高，也难以令对方配合的交谈方式。

虽然我们要做的事情是邀约对方，但是"我希望你对我好"不如"我希望你好"，或者说"我想干什么"，不如建议"你可以做什么"，令对方的兴趣更大。比如，你可以说："我知道你最近的工作很忙，我以前加班的日子也很辛苦，所以我能理解你。但是，你真的需要把身体照顾好，尤其是在这么大的工作强度下。你看我办了一张卡，改天我陪你去运动运动吧。"

这样，你制造了见面的机会，把你的需求转化成对方可能存在的需求，让人更容易接受。

第三种情况是，你只是给对方呈现事情，却没有把高价值呈现出来。

尤其在一些重要的合作上，当你邀约对方的时候，对方由于个人的涵养，他不会直接说"你说的话太无趣了，我实在不想听"，或者说"你给我发的商业计划书又空洞又无趣，我一点儿想参与的感觉都没有"，也不太可能直接要求"你一直来邀请我参加活动，你怎么就是不告诉我，出席这次活动有没有资金支持"。毕竟，直接批评和帮助你成长，是你的领导和老板才愿意做的事。

在这种情况下，对方如果说"我很忙"，你就没必要再死缠烂打地天天问对方"那你哪天有空"了。

你最应该做的是，以别的方式来寻找机会。例如，多角度衡量你的要求为对方带来的好处有哪些，思考对方的处境，分析对方现在的迫切需求是什么。

尤其是一开始对方和你聊得还不错，后来突然对你冷淡了，有可能是你发过去的商业计划书完全不能吸引对方。

此时，你就应该建立自己的专业性，寻找合适的机会，让对方意识到你的价值。比如，当你约对方参加活动的时候，你总说"我们热切地盼望您来"，不如尝试着转换思路，从以下三个方面进行助攻：第一，以前某位大咖来参加过这个活动，这是很直观地让对方了解此次活动的层次的一个方法；第二，有某些品牌商会进行赞助，进行视频等各种方式的直播，扩大影响力；第三，听众是大学生，大学生虽然现在还没有成为社会的中坚力量，但是他们是有可能在未来影响世界的人。对方来参加这个活动，参与的是改变世界的活动。这样，从各种利益的层面帮对方做出决定。

让聊天变得更愉快

我们都喜欢和有趣、有料的人聊天，如果遇不到这么有趣的人，那么，就让自己成为一个有趣、有料的人吧。尤其当我们遇到特别无趣的聊天时，我们可以用优雅的方式应对对方不优雅的话语。

销售员王平最近很苦恼。他对朋友说，自己工作很努力，总是很积极主动，但是他的潜在客户就是对他很冷淡。有一次，客户对他说了一句话，让他对自己和自己的事业都产生了深度的怀疑，客户说的原话是："我再也不想看到你了。"

朋友告诉他，可以从三个角度来理解：第一，对方拒绝的是你的产品，而不是你这个人，所以不必感觉人格受伤。第二，对方撂了狠话，只是为了试探你的反应。如果你再也不去见对方，恰恰证明你对自己的产品缺乏自信。而且，很多人撂了狠话之后，会有一定的内疚和补偿心理。你们下次再见面的时候，也许事情会有转机。第三，再次见面的时候，可以根据对方的性格，选择不同的话语应对。

当对方的态度很放松的时候，提起："我不是和你说了，再也不想见到你了吗？"

你可以笑笑说："我记得您对我说过的一些话，只有这句我忘了。"

　　这个说法能够缓解气氛的尴尬，而且表明你是个重视客户，又不记仇的人。

　　如果对方不喜欢开玩笑，还是板着脸说："我不是和你说了，再也不想见到你了吗？"

　　你可以真诚地盯着对方的眼睛说："您之所以那么说，是因为我之前太频繁地打扰您，让您感觉不舒服了。所以，这次我隔了一个星期才又来拜访您。"

　　这个说法也是不提对方的错误，以免对方"破罐子破摔"。通过从自己身上找原因，并分析出对方的狠话是两个人互相作用的结果，把对方引导到一个正面的形象上。

　　如果对方想观察你的反应态度，说："我不是和你说了，再也不想见到你了吗？"

　　你可以走心地说："我为您这句话，也曾经困惑和反思过，我不希望给您带来这么大的困扰。我也反思我自己，我的产品到底是不是您所需要的。我想了好几天，觉得这个产品真的会为您加分，而不是减分。我认为自己应该做一个对客户负责的人，所以我又来了。"

　　这个说法的特点是一种很隐蔽的批评，不是指责对方犯错，而是用自己的苦恼引发对方的内疚，并且用一种情怀和正直的工作态度去表明立场，从而感动对方。

　　这个案例中最关键的是，无论你选择什么样的态度来回应和面对对方，前提都是你不能把对方想象成一个和你自己完全对立的、冷血无情的恶人。否则，你除了和对方吵架，任何话语都不能掩饰你的愤怒。

　　以上分析的是我们能够把不愉快的聊天聊愉快的心理基础，当你正面思考对方的时候，你就会发现，聊天就像跳舞，本来就是有进有退、求同存异的。当对方说的一些令你不舒服的话，你都可以解读成对方是无心之过时，你就会发现自己是一个有趣的人，居然能够想到那么多巧妙的回应，让两个人的聊天变成一种有趣的舞蹈。

　　具体分三种情况来应对那些令人不舒服的聊天。

　　第一种情况是，对方就是一时失言。

　　这种情况下，不一定要说点什么，你可以一笑了之。

　　有一位很有名的主持人，曾经讲过他的一次尴尬遭遇。他见到一位女性朋友和她男朋友在餐厅吃饭，便问了对方一句："你和你爸爸一起来吃饭？"对方说："这是我的男朋友。"

　　他当时自知失言，感觉只能夺门而逃。其实，对他这位女性朋友来说，她是能够感受到对方说错话的时候，是有懊悔、自责情绪的。一个高情商的人不会因为对方的这种误会，就让自己陷入苦恼或者就此大吵一架的境地。

　　此时，她若以一个淡淡的微笑回应，就是面对这种情况下一种高情商的态度。

　　第二种情况是，对方的确存在一些与你不同的价值观。比如，对方很爱八卦、很爱批评别人、很小心眼、很孩子气，而他希望你和他在同一阵营。这种情况下的聊天，既不必扭曲自己来适应对方，也不必批评和指责对方，因为这种小缺点上升不到人格层次的批判。

　　遇到这样的人，当对方在你面前指责第三人的时候，你要从对方的逻辑中跳脱出来，不必陷入具体的评论中。

　　当对方说，××的形象真糟糕，或者说××的人品真差、××太笨了、××根本就没有品位等，你都可以友善地提醒对方，比如："你看你已经具有很好的品位了，所以你还是对缺乏审美能力的人嘴下留情吧，因为你有对方所没有拥有的东西。"

　　如此一来，进行适时的引导和转移，既不会和现场的人起冲突，又能不违背自己内心的厚道。

　　第三种情况是，对方的问题带有一些冒犯性，但是你又不能不回应的时候，你可以用一种轻松的话语来化解。

　　比如对方问："你买房子了吗？"

　　你说："就差10万就凑够了，正等着朋友帮忙呢。"

　　对方多半会自动转移话题。

　　对方问："你有男朋友吗？"

　　你说："你是有合适的人想帮我介绍一下吗？"

　　对方就会"呵呵呵"了。

擦出火花的方法不止一种

常常听到一些沟通专家讲亲密关系的沟通。他们说："为了让你和你的伴侣之间有共同语言，你不妨在聊天的时候主动去聊对方感兴趣的话题。例如，你可以关注对方喜欢的事情，去学习对方正在学习的事情，这样就可以聊到一起去了。"

从操作层面讲，这个建议实现起来难度很大。首先，对方如果喜欢的事情是金融、科技、高端医疗美容，你花很短的时间只能掌握一点儿皮毛，你很难找到一个话题切入。当你带着这种生硬开始聊天的时候，对方也会感受到这种生硬和刻意。

其次，当你去聊对方最懂的事情时，更容易让自己露怯，因为如果你的研究不到位，即使开始的时候对方想和你聊聊，但是聊了几句之后，你就后续乏力，让对方觉得鸡同鸭讲、索然无味。

生活中我们要讲究平衡之道，人是有自我尊重的需求的，当一个人一味地付出而得不到回报的时候，必然会心生怨念。聊天的道理同样如此，当你只聊对方感兴趣，而自己毫无求知欲的话题时，你的内心是委屈的，内心也会有一种要求补偿的心理。如果对方积极响应、符合你的心理期待尚可相安无事，但如果你硬是聊了很多自己以为对方应该很感兴趣的话题，对方反应却很冷淡，貌似在听你说话，其实完全不走心、不领情、不回应，就一定会招致你们两人之间的冷暴力，或者加剧你们两个人之间的疏离感。

好的聊天是两个人都能够享受聊天的状态，当一个对足球完全不感兴趣的人为了对方去"硬聊"足球的时候，他一定是矮化了自己的。这种委曲求全产生的不快乐会令他更加丧失自信。

那么，放弃投其所好的思路，我们该如何和对方聊天呢？我们要明白，投己所好和满足对方需求之间是可以兼顾的。重点在于，我们要有这样的思路和意识。

比如，一位全职主妇，当她的老公下班回家，她无法和对方聊他事业上的话题时，她该说什么呢？她在心态上需要建立自信，不要因为自己是全职主妇而不是职业女性就妄自菲薄，在聊天的话题上她应该知道自己比职业女性更有优势，因为她可以聊老公想知道，而还没有知道的事情。

当你思考到对方的痛点是什么的时候，你的聊天话题不必刻意投其所好，也能给他提供他最在乎的信息。当一个父亲在职场打拼的时候，即便他对自己的家庭情况非常关心和在乎，他所掌握的信息也不会太多。比如，他想参与孩子的成长，却苦于没有合适的机会来表现自己；他想了解和确定自己的家庭是否在一个很和谐的状态下运转，却无法靠自己来判断；他想知道自己的家庭中是否存在一些需要他才能克服和解决的困难让他来刷存在感，同样需要他的妻子为他提供机会；他想了解自己辛苦打拼赚来的财富是否得到了很好的理财计划的保障，也无从得知……

　　一切他想知道、而分身乏术无法了解的事情，都可以成为妻子发起话题或是增进关系的机会。于是，她聊孩子在学校里的趣事，比硬聊足球给他带来的快乐更多；她聊家庭聚会的安排比硬聊"风投"给他带来的价值更大；她聊家庭成员和朋友们的消息，比硬聊人工智能给他的放松感更多。

　　那么，一位木讷的男士想要让对方和自己关系再进一步的时候，该怎样聊天呢？

　　我们在下面的一段对话中感受不同的聊天策略：

　　自杀级说法：

　　"你今天做什么了？"

　　"练瑜伽了。"

　　"瑜伽挺没意思的。"

　　这个说法的最大问题是负面思维。负面思维最容易让对方排斥和反感，可以说是一句话就断送了一段关系。

　　初级说法：

　　"你今天做什么了？"

　　"练瑜伽了。"

　　"挺好的。"

　　这个说法看似不犯错，问题在于只是为了找话题而找话题。结果就是，说完这句话之后还要再重新找话题。

　　升级说法：

　　"你今天做什么了？"

　　"练瑜伽了。"

　　"练习瑜伽的乐趣是什么呢？"

"瑜伽和其他运动比，主要是……"

这个说法的好处是能够投入地听对方的意思。在这里，我要补充的一点是，有很多人建议聊天的时候重复对方的话，表示自己在倾听。这种方法在你不知道如何回应的时候，不失为一种必要的手段，但是在真正需要投入的关系里，对方是有一种需要你全情投入聊天的心理需求的。这时，这种重复关键词的做法略显生硬。如果反复、频繁地使用，还会招致对方的反感。

比如：

"你今天做什么了？"

"练瑜伽了。"

"练瑜伽了？"

"是的，我挺喜欢练瑜伽。"

"挺喜欢？"

"是呀。"

"是吗？"

"是！你到底想说什么？！"

这种重复关键词的做法开始往往很有效，但是在进行几轮话题后，就没有然后了……

高级说法：

"你今天做什么了？"

"练瑜伽了。"

"瑜伽多久练一次比较好？我打篮球，一般一周只能组织一次，你呢？"

　　"瑜伽和篮球不一样，我们没有场地束缚，我一般三天练一次。"

　　"看来你安排得很规律，你平时生活也挺从容吧？"

　　"还可以吧，工作不是特别忙。"

　　"那太好了。要是你明天有时间，我可以邀请你一起吃饭吗？吃饱了有劲儿练瑜伽。"

　　"呵呵，你真逗，我应该没什么问题吧。"

　　这种说法的好处在于，认真倾听了对方的每一句话，并且在对方的语言中为自己创造了再次发展关系的机会。.

这样做帮对方梳理情绪

人际关系出现矛盾的时候，好的聊天就是解开心结的钥匙。只不过，我们要先学会处理对方的情绪。很多时候，不是道理不通，而是感觉不对。

比如，我们常常会听到有些人说："你放心，我就是约你吃饭，绝对不聊工作。"

可结果是，他和对方吃了饭之后，对方心情好了，就会主动帮他解决工作上的问题。

这就是情绪的力量。当我们遇到一个发怒的人时，我们要知道，对方的愤怒就是问题本身。只要他的情绪好了，有的问题不用解决，它自然就消失了。

对方情绪的最大问题是他无法从感性的愤怒过渡到理性的思考，而倾听的人要做的第一步就是让自己从理性的思考过渡到感性的理解。

有时候，你会发现，当有人冲你咆哮的时候，你向对方说："你能不能好好说话？""我不接受你这样的态度对我。"这样的话是毫无力量的。如同老虎已经冲你跑来了，你非但不躲，还站在原地说："你不可以过来。"

所以，我们要在情感上理解对方已经到了无法理智地和你沟通的地步，毕竟如果对方理智，他就会知道无论什么样的事情，都会有解决的方法，其实没必要大吼大叫的。

你理解对方的感受后，要做一个缓冲，就是不要和对方直接硬碰硬，先做一些事情来避免两个人直接面对矛盾事件。也就是先做好聊天前的准备，比如你说："这么热的天，您先消消气，我先给您倒杯水。"试试看，一杯水放到他手里的时候，他的身体语言瞬间就失去了力量，气势减半，怒气也会因为你的周到服务而减半。然后，让对方坐下来，给他递纸巾。这些小的细节都会减少对方的怒火。

做好聊天准备之后，就不得不面对核心问题了。让我们一起看看核心问题是什么，核心问题永远不是对方嘴里说的各种问题，我们应该牢记：核心问题就是对方的怒气。

聊天的第一句话可以说："能让您这么生气，一定不是一件普通的事情。"

放心，你这样的一句话绝对不会让他把你刚给他的水杯摔碎。这句话对大部分发火的人都非常有效，事实上，大部分人发火的原因都是很一般的。我听到过各种各样抓狂的理由，有时候理由小到令人匪夷所思。对于看似漫长实则短暂的生命来说，其实没有什么事情大到非得大发雷霆，99%的情况是当事人的怒气没有被制住，所以火才越烧越大。

当一句"能让您这么生气，一定不是一件普通的事情"说出来的时候，就代表对方是一个好人，对方的潜意识里也会开始向扮演好的角色靠近。

接下来，无论你是否引导，事态都会直指矛盾的核心，对方会饱含怒气地发泄情绪。此时，如果把无端地承受和忍耐对方的情绪当作制怒的手段，这完全是初级做法。当你任由对方发泄的时候，你不但是自我矮化，还会前功尽弃。你之前做的所有事情会全部浪费掉，对方再次偏离你此前让他往好的角色上扮演的可能性。对于盛怒中的人，你的"低头认罪"只会纵容对方越说越气。越生气，声调越高，声调越高，就越容易进入二次燃烧，形势就再也不可控制。

　　初级做法的错误在于，忘记了是对方有问题，对方问题的核心是不能进入理性思考。你要做的是引导他进入理性思考，而不是任由他在感性层面漂移。一句话，你要帮他！

　　你帮他进入理性思考，可以通过两种方式。如果对方是针对你而发怒，你要立即找出纸和笔来，把对方说的话记录下来。并且表示："我一定要把您说的记下来，然后从中体会和分析真正的问题出在哪里，便于我们以后很好地沟通。"

　　如果对方是针对别人，你要打开手机，开始录音。你当然不会傻傻地说："我要录音，将来听听你都说了些什么。"而是要说："您说得对，我现在就收集证据，帮您出气。不好意思，因为我不是当事人，所以我需要记录事实，这样我才有为您伸张正义的武器。您能允许我把过程录下来吗？"

　　这两种手段都是高情商的人所采取的制怒方法。表面上看很简单，实际上却可以瞬间让对方不得不理性地面对事实的真相。于是，你会看到，对方说话的时候开始停顿、开始回忆、开始思考了。更神奇的是，他说着说着，有的人还居然开始给对方找理由，因为他知道你在记录。他希望能更加全面地进行自我保护，把将来别人有可能反击他所描述的事实，提前做好预防。

比如，一个女顾客投诉一家精品店的店员。她说："我说你们店里的东西卖得贵，这个店员居然让我去别的地方买。她也许只是一句顺嘴的话，但是听起来，有点像瞧不起人的意思。顾客说贵的时候，难道不应该帮忙反映顾客的意见吗……"

当对方聊到这里的时候，她无论多么不满和生气，都不会要求和这位店员打一架了。最大的危险一定是解除了。

在这个过程中，千万不要有任何居高临下的指导，也不要分享你的人生感悟。曾经有一个人在面对另一个人发火的时候，说了一句："一个人发火的本质，是他对自己无能的愤怒。"这一句话差点把房子给烧着！

解决情绪的最大问题，是我们不能有效地处理对方的情绪，那些苍白的语言"你别生气""你好好说""我觉得你现在根本不理性"解决不了任何问题。

反之，当我们允许对方说，并且认真记录和思考对方所说的话时，你随口的几句话就胜似金科玉律。比如，你反问对方："当时，对方直接对您说了一句骂人的话，是吗？"或者，你追问对方细节："您还记得对方当时把烟灰缸抓到了手里，是吗？"

当对方开始和你讨论细节，在你的追问下回忆过程的时候，他不会把你当作情绪的垃圾桶，而是在形式上和你成为统一战线的盟友，似乎你们正在一起为一个棘手的问题想办法。这样的氛围出现的时候，相信我，没有什么问题是难以克服的。

最后，你一定要巩固自己的劳动成果，不要因为危险解除而放松警惕，导致一步不慎，满盘皆输。要知道一个情绪不稳定的人，通过你的有效制怒手段虽然控制住了情绪，但是依然有可能出现倒退的情况。

如果对方在倾诉完说了一句："我刚才大吼大叫发火，你不会生我的气吧？"

如果你说："我刚才被你吓死了，我觉得你真是没必要这么生气。才多大点儿事，你就把自己搞得这么难堪！"

那么，这句话把你最初的那一句"能让您这么生气，一定不是一件普通的事情"进行了全盘否定。此时，你只能在再次来临的风暴中体会那句"不作不会死"的格言了。

这里推荐给大家一个高情商的聊天方法：

当对方说："我刚才大吼大叫发火，你不会生我的气吧？"你可以先和对方站到统一战线，然后再根据关系，重新组织一下语言。例如，你可以说："我也不是一个好脾气的人，只是我对你没脾气。"

营造更有利的聊天机会

很多人是不爱和别人聊天的，因为他们所具备的能量让他们很敏感，担心自己和别人一聊天，难免走得太近，走得太近难免有人际关系上的麻烦。

这种情况下，你能不能准备很多有趣的话题不是重点，重点是要制造真正的聊天机会。在这里，我们强调的是真正的聊天机会，因为有的聊天实在不能算聊天。

比如：

"我希望您能帮我们提供一笔赞助。"

"你们想要多少钱？"

"我们期待是50万元。"

"你们能给的回报是什么？"

"给你扩大影响力。"

"那你们究竟要怎么做？"

"我们这样操作，首先……"

这种谈事情的气氛会把一种合作的关系变成一种对立的关系，但是如果会聊天，两个聊事情的人有了朋友式的感觉，以上的局面就会改变。

比如：

"我现在有个好的合作机会，对我们都有利。"

"说说看。"

"我给你们扩大影响力，你们给我们提供赞助。"

"具体多少钱？"

"对外我们的要求是希望提供50万元，不过我只告诉你，如果你能有40万元的支持，我们这个活动也能完成。当然，我有言在先，即使你提供的是40万元的赞助，我给你的服务依然是50万元的服务，服务不打折。"

"哈哈，你打算怎么做？"

"咱俩分三个步骤来操作，首先……"

这才叫聊天，能够制造一种轻松、愉快合作的氛围，把对方的感受放在了心中，并且在这个过程中也恰到好处地表达了自己。注意，要多使用"我们"，而不是"你"。

我们要想有这样的聊天氛围，就要在聊天之前，先把对方变成一个和自己有着朋友式感觉的人。我们通过三种策略，可以接近对方，并和对方在聊天中聊出朋友式的感觉。

第一，降低对方的风险，提高对方的安全感。

一位男士腿部受伤，想麻烦一位单身女同事帮忙送一个物品到自己家。他如何聊天可以让对方打消顾虑呢？他这样聊："您帮我送完文件后，还要请您帮助我，把我和轮椅一起推上出租车，因为晚上我还要去见个朋友。"

这样的聊天，就会把他晚上的安排暴露出来。这位女同事就不会感觉自己去一个男士家中有什么不妥了，毕竟自己是有两个任务在身的。送文件也许快递可以取代，但是帮助对方完成出门的任务却显得很有善意。

第二，注意时机，不该提要求的时候永远别提。

老常和一位企业家认识了很多年，企业家把他称为忘年交。

他们认识第一年的时候，每一次这位企业家给老常打电话，老常都帮助他做一些力所能及的事情。比如说：他的孩子就业需要一个人指导；他要搬家，但是琐事太多；他和他太太要出国很长一段时间……老常都会出现在他的生活中。

第二年，在老常的事业上，这位企业家给了老常无私的帮助和支持，老常经常感到无以为报。据这位企业家说，因为他太太说过这样一句话，让他觉得老常值得他交往。她说："这么多年，每天有那么多人来找你，他们都在和你说各种各样的话，但除了老常，没有一个人和你真正聊过天，其他人都是来打探、套话的。"

这就是我们和人交往的原则，永远不要在对方和自己交情不到的时候去套话、问路，因为这样非但得不到答案，还会让对方起防备之心。一旦失去信任，就没有第二次机会了。

第三，制造情绪起伏，走与众不同的粉丝路线。

很多人在表达善意和友好的时候，会在第一次见面时就把所有的力量都用上。其实大可不必，只有善于制造情绪起伏，走与众不同的粉丝路线，才能让你在乎的人对你有同样的在乎。

我们在生活中，两个人相遇之初，无论互相表现得多么欣赏对方，大家都把这种聊天当作一种客气和恭维。但是，如果两个人彼此有一定的了解之后，你在不经意间表现出早已对对方的欣赏，对方就会认为这是出自于真心，而非功利。

　　最后要注意的是，我们在和别人聊天的时候，即使在对的时机，也要注意必要的礼貌。比如不轻易恶意攻击别人，哪怕是攻击第三人，也有可能因为你不了解内情而影射到对方，从而影响交情。

　　聊天的时候，应该多听一听对方的看法和评论，从对方的角度出发聊你关心的事情。比如你想知道对方的价值观，当你看到对方书架上有一套金庸小说的时候，你完全可以问一下对方比较喜欢金庸笔下的哪个人物，原因是什么。

　　我们可以借由这些信息，简单地了解对方的想法。当然，这里值得注意的是，对方给的答案具备两面性：他表达的喜欢的人的特性有可能与他自己相近，也有可能是相反的。这还需要在以后的生活中多去观察和体会。

说话的秘密：掌握自己生活的方向盘

把难处摆出来，对方自然知趣

俗话说，在家靠父母，出门靠朋友。工作、生活中朋友间互相请求帮点忙也都是很正常的事情。我们要是能做到，尽力帮就是了，假如朋友提出的要求有些过分，或者不在自己的能力范围之内，那就应当说明原委，含蓄拒绝。有些人碍于面子，或者好逞强，故而不考虑实际情况就答应了，结果朋友的忙没帮上，自己的事也耽误了。因此，在遇到类似问题时，应当主动说明原委，表示无能为力就是最好的选择。

人们在求人帮忙时，心里面往往充满着希冀，但又惴惴不安，生怕遭到拒绝。如果一开始就被拒绝，他的心里面会感到焦虑、恐慌，进而产生强烈的挫败感、羞耻感。比如，如果你对别人说："这种事你自己就能解决，又何必麻烦别人呢？"对方肯定会恼羞成怒，说不定还会因为这个而记恨你。

很多人在遇到类似问题时，往往会感到头痛，不知道如何拒绝。其实，对那些一心想要别人帮助自己的人来说，他们总想着如何实现自己的愿望，却很少考虑给别人带来的风险和麻烦。此时，只需要如实地讲清楚自己的实际困难，对方即便不能由己及人，也会明白他人的心意。

孙强在几年前承包了一家新技术开发公司，因为市场瞄得准，管理科学，经济效益非常好，所以很多人都想往这家公司钻。

一天，孙强的一个老上司打来电话，向他推荐了一个新人，问他能否接收。碍于面子，孙强就让那个新人先来公司面试看看。面试后，孙强明显感觉这个新人不适合。接收吧，会破坏公司的用人制度，对公司的长远发展不利；不接收吧，可能会影响自己与老上司的关系，毕竟老上司以前待自己挺不错的。

左思右想之后，孙强终于想出了一个解决办法。他先是邀请他们参观、了解公司各工作室人员的工作情况以及公司的各项规章制度。接着，他向老上司汇报了公司的发展状况以及今年的承包指标。最后，孙强对老上司说："老领导，公司能有今天的发展，离不开您前几年的指导，包括我在内的公司上下都非常感谢您。去年年初的时候，我们按照您的指示修订了岗位用人制度，效果很好，也希望您继续指导。对于您介绍的这个小伙子，因为他的专业不对口，所以公司觉得他不太适合，也担心会影响今年承包指标的完成。如果有别的适合的岗位的话，我再让他来试试。老领导，您觉得这样可以吗？"

孙强赞扬了老上司对公司曾经的贡献，满足了对方的自尊需求，同时又以制度为由指出了公司的难处。作为管理者，老上司自然能够明白其中的道理，便不好再强求了。

断然拒绝他人肯定是一件伤感情的尴尬事情，但如果我们在生活中委婉说"不"，充分说明自己的难处，就能在不伤害对方面子的情况下达到拒绝的目的。

在工作、生活中，当遇到来自同事、上级、朋友、邻居的一些力不能及的请求时，不要立马拒绝，而要先谢谢他们对你的信任，并表示愿意效劳，再含蓄地说明自己帮不上忙的原因。比如，上司要你在一天内整理好财务报表给他，但你有其他重要文件也要处理，就可以将自己的难处说给上司听，上司自然会理解你的苦衷。这样的拒绝合情合理，彼此都可以接受，不至于把事情弄得很糟。

另外，在遇到别人要求帮忙时，也可以反客为主，有意识地发一些与自己有关的牢骚。这样一来，对方会觉得你也是很忙很烦的样子，估计帮不上忙。让对方觉得你比对方的状况还要差，那他肯定也就没有理由再请你帮忙了。

面对刁难有妙招

　　他人的要求未必都是善意的，有时也会是一种刁难，如果自己在一开始没弄清楚或者事后不知道该如何化解，势必会让对方的"阴谋"得逞。这个时候，巧妙利用对方刁难的弱点，作为"攻击"对方的手段，不仅可以让自己解围，也会让对方对你刮目相看。

　　甘罗的祖父是秦国名将。有一天，甘罗看见祖父在后厅里来回踱步，不停地唉声叹气。

　　"祖父，您碰到什么难事了吗？"甘罗问。

　　"唉，大王听了小人的挑唆，硬要吃公鸡下的蛋，命令满朝文武设法去找，要是三天内找不到，大家都要受罚。"

　　"大王也太不讲理了。"甘罗气呼呼地说。他眼睛眨了眨，便想了个主意，说："祖父您别急，我有个好办法，明天我替您上朝好了！"

　　第二天早上，甘罗果真代替祖父上朝。只见他不慌不忙地走进宫殿，向大王施礼。

　　大王很不高兴地说："娃娃到这里捣什么乱！你祖父在哪里？"

　　甘罗说："大王，我祖父今天估计来不了了。他正在家生孩子，托我替他上朝来。"

秦王听了后哈哈大笑，说："你这个孩子，怎么可以胡言乱语呢！男人怎么会生孩子呢？"

甘罗说："既然大王知道男人不可以生孩子，为什么就不知道公鸡不能下蛋呢？"

甘罗的祖父作为秦国的将军，遇到了大王提出的不可能做到的要求，又找不到合适的办法拒绝。甘罗作为一个孩童，却可以非常得体地拒绝秦王，并让秦王放弃自己无理蛮横的要求，实在是大出人们的意料。或许也正因为如此，秦王才有"孺子之智，大于其身"的叹服。后来，甘罗出使赵国，使计让秦国得到十几座城池，甘罗因功被秦始皇赐任上卿（相当于丞相），封赏田地、房宅，不能不说正是甘罗那次智慧的拒绝使秦王认识到他的才能。

说到化解别人的讽刺或者恶意攻击，就不能不提到英国的丘吉尔和萧伯纳，他们不仅在文学方面获得过骄人的成绩——都曾获得过诺贝尔文学奖，而且在口才方面也都有着傲人的天赋。

有一次，萧伯纳的新剧准备在巴黎大剧院上演，他就派人送了两张票给丘吉尔，并附带了一封短笺，上面写着："亲爱的温斯顿爵士，现奉上戏票两张，如果阁下还能够找到另外一个朋友的话，不妨一起来看演出。"

丘吉尔曾经两度出任英国首相，也是第二次世界大战时的三巨头之一，他自然明白大作家的嘲讽之意，便回信说："亲爱的萧伯纳先生，非常感谢你赠给我的两张戏票，因为有约在先，所以无法前往观赏。不过，如果你的戏有幸能够演到第二场的话，我一定和朋友前去捧场。"

　　在萧伯纳的信里，他想通过这种方式调侃丘吉尔在政治上缺少盟友的状况，没想到丘吉尔借题发挥，讽刺他的戏很烂。和甘罗相比，丘吉尔的"以其人之道还治其人之身"更侧重于形式，不过也确实达到了巧妙回绝对方的目的。

即使不爱，也不要用语言伤害别人

有位长得很漂亮的姑娘突然接到一封情书，看名字得知原来是公司里一位很不起眼的男同事写的。

盛怒之下，这位姑娘还当着大家的面说出"癞蛤蟆想吃天鹅肉"之类的话，并把情书贴到饭堂里的小黑板上。两年后，曾经被羞辱到无地自容的男同事终于找到了称心的伴侣，而那位漂亮姑娘还是孤零零一个人，因为原本想追求她的男生都被吓跑了。

人人都有爱与被爱的权利，如果有人向你示爱，而你又不太满意，当然要拒绝。但是，拒绝的语言一定要恰当、委婉，既要把意思表达清楚，让对方没有幻想的余地，也不能太不近人情。如果不加考虑，随口生硬地说"不"，若干年后，你肯定会后悔当初推掉的不仅是对方的爱情，也有自己经营了许久的友情。

那么，在现实生活中，对于他人的示爱，我们该如何更巧妙地说"不"呢？

1. 用拖延拒绝

假如有位男士约你吃饭，你不是很愿意，可以这样回答："这样吧，有时间我约你。"当然，你不用真的约他，除非对他的态度有所转变。

2. 用反语拒绝

如果有位你不太喜欢的男士问你："你愿意和我交往吗？"为了不伤害到他，可以这样反问他："你认为呢？"这样一来，对方自然就会明白你的心意。

3. 客气地拒绝

某个姑娘送了个礼物给你，假如你不喜欢她，也不愿意收下礼物，就可以客气地回绝。既可以表示你不敢领取、受宠若惊，也可借机强调这个礼物兴许对她还有别的用场。

4. 用推脱拒绝

有位男士征求你对他的看法，可以这样讲："我认为你是一个挺不错的人，不过我不太喜欢你的性格，真遗憾。"

5. 用回避拒绝

当对方试探你时，你可以有意回避，借机表明你的态度。下面的方法可以帮你引开话题：

（1）用另一种选择拒绝。如果对方用爱情故事试探你，可以回答他说："我喜欢另一个非爱情故事……"

（2）用"抽象法"拒绝。如果对方态度严肃，要一本正经地跟你讲道理，问题一般很难得到解决，而要正面说出拒绝的理由，又势必会伤害对方的情感。这时不妨将一些具体的问题抽象化，对方可能就容易被迷迷糊糊地拒绝了。试看下面这个例子：

"你向我求婚，我真的很高兴。不过，我认为咱们不能过度沉醉在激情之中……"

"不，我很冷静。"

"我不是这个意思，我想好好地和你交流一下我对结婚的看法。"

"很好呀！"

"结婚到底是怎么一回事呢？"

先将对方引入一个抽象的领域，再将这个领域不断扩大，比如，"对男女的结合来说，结婚是不是最佳的选择？""男人和女人究竟是什么？"进而引开话题达到拒绝的目的。

6. 用外交辞令拒绝

如果实在不好意思表达你的拒绝态度，可以用一些外交辞令搪塞过去，如"无可奉告""事实会告诉你的"等。

如果以上方法还是不成，最后可以说："我已心有所属了。"

在医院当护士的刘敏长得文静、机灵，大家都很喜欢她。一天下班后，同科室的郑医生对她说："小刘，一起吃个饭好吗？我想对你说件重要的事。"

刘敏一听，就明白了"重要的事"的含义，笑着说："好啊！我正好也要找你帮个忙。"

郑医生一听高兴极了，放松心情说："行，只要能帮你的忙，我一定赴汤蹈火。"

刘敏笑着说："没那么严重，只是男朋友脸上生了几个痘痘，想问你用什么药会比较好？"

像这样的拒绝方法，通常也都很有效。

柔性的拒绝，利己不伤人

拒绝他人有很多种方式，一个高明的谈话者总是可以在恰当的时机，采用合适的方法拒绝对方。温柔地拒绝便是其中的一种方式。当你施展温柔之术，用软语拒绝他人时，几乎没有人能抵挡住它的威力，有时这要比直截了当地拒绝更高效。

乔治是一位图书推销商，经常挨家挨户地推销图书。有一天，他来到一户人家的门前，准备向他们推销自己的书籍。只见他左手拿着一大本书，右手推开大门，满脸笑容地穿过花园的小径，来到主人的房前。他先按了一下门铃，过了好一会儿，有位小姐来开门，满脸惊奇地看着他。

"早上好，小姐，"乔治说，"我想你可能有兴趣买本《世界历史》。这套图书一共有12本，你可以从里面拿一本翻翻看，里面的插图漂亮极了……"

"实在是对不起，"她打断道，"我正在做饭，没有闲工夫和你讨论历史。我得马上回厨房看看。"不等乔治回答，她就重重地把门关上了。

乔治不想就这样被赶走，便绕着房子走了一圈，又敲响了后门。开门的依然是那位年轻的小姐。她尖叫着说："又是你！"

"哦，"乔治说，"你刚才告诉我你在厨房里忙着做饭，我只好绕到后边来。也许你可以让我坐在厨房里，然后你一边做饭，一边听我讲些这套历史书的相关内容。相信我，这本书真的非常有用。如果你现在不买的话，将来肯定会后悔的。"乔治咧嘴一笑，露出了洁白的牙齿。

那位小姐"哦"了一声，然后说："要是你愿意的话，就进来坐在那边吧。"她指了指椅子，又补充道："我先声明一点，你可能会白浪费时间的，因为我对历史不感兴趣，也没钱买书。"

乔治坐了下来，把手中厚重的书轻轻地放在饭桌上。当然，多售出一本，就意味着他的利润也会增加一些。他有信心劝这位小姐买一本。接着他就用自己那迷人的嗓音向这位小姐介绍这本书的好处，也没有忘记提醒她这本书其实很便宜。

"等等，"她突然打断了乔治的介绍，转身走进了另外一间屋子，再次回来的时候，手里多了个笔记本和铅笔。

坐下来后，那位小姐对乔治又说道："请继续讲吧。"

乔治又开始讲起来，而那位小姐则一边听一边认真地记着笔记，中途还时不时地叫他把刚才讲的内容重复一遍。见她如此有兴致，乔治很兴奋。他暗自思忖，感觉劝人买他们不想买的东西并不难。最后，他结束了自己的谈话，合上书，问道："感觉怎么样，难道不认为现在买一本是明智之举吗？"

"哦，不！"小姐吃惊地说，"刚开始我就说过，我对历史不感兴趣，而且也不打算在这上面投入资金。"随后，她打开门，并做了一个"请"的姿势。

"但是，你刚才为什么要做笔记呢？"乔治不解地问道。

"哦，"她回答道，"我弟弟和你一样，也是挨家挨户

销售图书的,但很失败。我刚才记下了你说的有用的话。你真
是太聪明了,我将会把这些笔记拿给他看,他就知道下次去推
销时该说些什么了,这样他才能赚更多的钱。实在是太感谢你
了,我真高兴今天能遇到你。"

乔治呆若木鸡地站在门口,半天说不出一句话来。

客观来讲,任何一位销售员遇到这样的拒绝都会感觉到有
点失落,但是相对于那些连门都不让进或者恶言相向的人,这
样的拒绝还是蛮温柔的。

先发制人，把对方的嘴堵住

　　如果提前知道别人要对你说不利的话，或者让你办一些你不想办的事情，那么抢先开口，不给对方说话的机会，或者给对方一个明确的信号，把他想说的话堵在嘴里，也不失为一个高明的办法。

　　当然，运用先发制人这一招，重在"先"，贵在"制"。抢先开口后，或堵或围，或截或封，或劝或压，这样就可以牢牢掌握交际的主动权，从而达到拒绝的目的。曹操一直都在做攻打吴国的准备，但吴国主将周瑜足智多谋，是曹操灭吴的一个非常大的障碍。曹操思量再三，决定派蒋干去东吴劝降周瑜。蒋干便风尘仆仆地来到江东。周瑜听说蒋干来了，立马就知道所为何事，于是决定来个先发制人，挫败蒋干的企图。

　　俩人刚一见面，周瑜就开门见山地说："子翼不辞辛苦远道而来，是为曹操当说客的吧？"蒋干没料到周瑜竟然有这样一手，犹豫了一会儿方说道："老友相逢，怎么能说这样的话呢？"席间，周瑜对众将领说："这是我的同窗好友，虽然从江北来，但却不是曹操的说客，所以大家可以放心。"随后将佩剑解下，交给太史慈说："你配上我的剑做监酒，今天的宴饮，只叙交情，如有谈起曹操与东吴军旅之事，就斩下他的首级。"蒋干大吃一惊，再不敢开口提劝降之事。宴会结束后，周瑜拉着蒋干的手说道："大丈夫处世，遇知己之主，外托君臣之义，内结骨肉之恩，言必听，计必从，祸福与共，即便是苏秦、张仪那样的人再世，又怎么能够说动我的心呢？"就这样，周瑜巧妙地采用先发制人的策略，让蒋干从头到尾都不敢提半句有关劝降的话。

通过认真分析上面这个故事，我们可以看出周瑜先发制人的策略有几大特点。

第一，先封。周瑜抢先一步，单刀直入，直接点破了蒋干来东吴的企图，先封死他的口，让其不便开口。

第二，再压。在宴席上，他让太史慈做监酒官，并注明"只叙交情，如有谈起曹操与东吴军旅之事，就斩下他的首级"，让蒋干摄于军令而不敢开口。

第三，后围。宴席结束后，周瑜又用"大丈夫处世……"这样的话来堵蒋干的口。这样一来，蒋干就更加难以启齿。

第四，周瑜紧接着又顺势说："即便是苏秦、张仪……又怎么能够说动我的心呢？"暗示蒋干不要再枉费心机了。这样一环扣一环，自始至终都压制着蒋干，使他欲说不能，计划全盘落空。

先发制人用在军事上可以出奇制胜，用在说话上可以先声夺人，当然，前提都是你对事态的发展有一个较为清晰的认识，否则会伤人误己。

利用好借口，拒绝更省力

《孟子·公孙丑上》中有这样一句话："万乘之国，行仁政，民之悦之，犹解倒悬也。故事半古之人，功必倍之。"这也是成语事半功倍的出处。如果把拒绝他人视为我们想要做成的事情，那么采用什么样的方式可以让这一目标实现起来并事半功倍呢？方式固然很多，若涉及借口，则没有比借口的合理性更重要的因素了。

王文在上海一家电器商场上班。有一天，他的一位朋友过来打算买一台电冰箱。可是，朋友看遍了店里陈列的样品，也没能找到符合自己心意的类型。最后，朋友要求王文带他到仓库里去看看。面对朋友的要求，王文不好意思开口说"不"，脑子一转，笑着对朋友说："真是太不巧了，前几天经理刚宣布，不允许任何顾客进入仓库。"他的朋友一听，便不再好意思说什么了。

在这个故事中，王文把经理的宣布作为借口而达到了拒绝的目的，尽管他朋友的心里不高兴，但毕竟比直接听到"不行"这样的回答好多了。

具体来说，我们还可以通过以下方法来达到合理拒绝他人的目的。

1. 开玩笑式拒绝

用开玩笑的方式拒绝对方，通常既能够达到目的，又不至于让双方感到尴尬，所以也被视为一种很好的拒绝方式。假如你是个女孩子，男朋友邀请你去他家做客，但你觉得时机还不成熟，不方便盲目造访，不妨这样问："到你那里有什么好吃的吗？"

男朋友可能会列出几样东西来，于是你接着说道："没有好吃的，我不去。"

这种巧妙的玩笑，不仅拒绝了对方的邀请，还可以避免回答"为何不去"，可谓一箭双雕。

2. 用制度来拒绝

有位普通员工鼓足了勇气才走进经理的办公室，并对经理说："对不起，经理，我想你是不是该给我涨工资了……"

经理回答道："你确实该涨工资了，可是……"经理指了指玻璃板下面的一张印刷卡不慌不忙地说："根据本公司的相关工资制度，你的工资已经是这一档中最高的了。"

这位员工听完后有些泄气，说："唉，我都忘记我的工资级别了！"说完就退了出来。

就这样，工资制度就让他放弃了自己原本应该得到的东西。他也许在想："我怎么能够推翻公司的制度呢？"这或许也是经理期望他讲的话。

3.　寓否定于感叹之中

有个女孩过生日，男朋友送了她一套衣服，但女孩不喜欢。男朋友问："感觉怎么样，喜欢吗？"

女孩若直截了当地回答："不喜欢，土里土气的，像什么样！"男朋友肯定会很伤心。于是女孩说："要是再素雅一些就更好了，我比较喜欢颜色浅一点的！"

这句话的表面意思好像在说：你买的也不错，只是再素雅一些会更好。其实，女孩想要表达的意思是不喜欢这套衣服。

4.　用"下次"巧妙推脱

如果你不想参加某个聚会，可以礼貌地对邀请人说："谢谢你，下次有空我一定去。"若有人想找你聊天，而你又不想与对方聊，不妨看看手表，告诉对方："不好意思，我还要参加一个重要的会议，改天可以吗？"表面上，你并没有拒绝他，只是改个日期，但这里的"下次""改天"却没有时间限制，聪明人一听就明白你这是在委婉地拒绝，但这总比直接说"我没空，不想去"之类的话更容易让对方接受。

拖延长了，请求也淡了

　　现实生活中总是不乏一些性格敦厚的热心肠，他们好像天生就不会拒绝他人。然而，有时候为了避免不必要的困扰、多余的麻烦，对不合理或者不合情的人和事加以拒绝就显得很必要。如何才能在不违心也不伤人的情况下婉拒他人呢？或许，拖延就是一个不错的选择。

　　所谓拖延就是不当面拒绝对方的请求，而留足给自己思考的空间。这样的话，既为自己赢得了时间，也可以让对方认为你是很认真地对待他的请求的。

　　吴明在一家国有工厂担任车间主任。有一天，来了一位职工要求调换工作。吴明心里很清楚，对方的要求不现实，但他没有直接说"不行"，而是委婉地告诉对方："调换工作可能涉及好几个人，我一个人也决定不了。要不我先把你的情况往上面反映一下，看上面怎么回复，到时候我再通知你，怎么样？"

　　这样的回复可以让对方在心里明白，调换工作可不是一件简单的事情，到时候可能存在两种可能：一是上级同意调动，二是上级不同意。这样一来，对方的心里也会有所准备，这比当场回绝对方要好很多。

　　孙东是一家汽车公司的销售主管，一次和一位大买家谈生意时，对方提出要看孙东公司的成本分析数据，但这些数据都是公司的机密文件，一般是不允许外人看的。在这种情况下，买家已经提出了要看的请求，如果直接回绝势必会影响双方的关系，说不定还会伤和气，甚至失去这位买主。孙东也是位老江湖，他没有直接说"不行"，而是委婉地说："哦，这些数据现在不在我这里，这样吧，下次有机会我会带过来让你看的。"

买家听后虽不知真假，但也不好意思再纠缠。至于下次能不能带来，或者什么时候带来，就是刘东自己的事了，再说，到时候对方或许已经没有了再看的兴趣。

事实上，这种拖延的战术在工作、生活中的应用十分广泛，而且效果也非常好。有的拖延可能确实是因为条件不方便，而有的拖延本身就是当事人拒绝的另外一种说法。时间久了，大家可能也会形成一种默契，能够分辨出哪一种拖延是客观的，哪一种拖延是主观的。

有位作家接到一位老朋友的电话，说邀请他到一个图书馆做一个演讲。作家没有当面拒绝，而是说："现在还不确定到时候是否有时间，我先查看一下自己的日程安排，到时候如果有时间了我再给你回电话。"

这位作家可谓拖延的高手，他不是说看了之后直接给对方回电话，而是说如果有时间了再给对方回电话，潜台词就是如果没回电话就是没时间了，这也避免了再打电话告诉对方没时间的尴尬。

汪江夫妇原本在一家国企上班，后来因为企业效益不好，俩人也下岗了。后来，他们利用政府的优惠贷款开了一家杂货店，每天起早贪黑，没过多久就把小店经营得红红火火，收入也比以前在企业的时候多出不少。汪江的叔叔整日游手好闲，还经常在麻将桌上赌博。最近因为手气不好，一晚上把借来的500元全输光了。他不服气，想在第二天再赢回来，又苦于没钱，就把目光转向了汪江。来到汪江店里后，他对汪江说："我最近想买辆面包车，手头还缺6000块钱，要不从你这里周转一点，三个月左右就能还你。"汪江知道叔叔的秉性，如果真的把钱借给他，肯定有去无回。再说，汪江的日子是好过了，但店里的生意还要做，流动资金不能少，如果把钱借出去了也肯定影响自己的生意。于是，汪江就敷衍叔叔说："我们从银行贷了一笔款，最近利息吃得紧，要不这样，等我们把这笔贷款还上了再借你，怎么样？"叔叔听他这样一讲，自知是拒绝，但也不好强求，便知趣地走了。

汪江没说不借，也没说什么时候借，留给叔叔的都是未知。叔叔即便知道这是对方的推辞，但也无话可说。

可见，将事情用一种模糊的措辞一笔带过，比正面拒绝有效，还不至于伤了大家的和气。